VOYAGE
DE CHAMPEAUX A MEAUX

FAIT EN 1785

Par l'abbé Henry GOUDEMETZ

Chanoine du Chapitre de Champeaux-en-Brie

Publié d'après le Manuscrit autographe

AVEC NOTICE SUR L'AUTEUR

PAR M. VICTOR ADVIELLE

OFFICIER DE L'INSTRUCTION PUBLIQUE

Une gravure représentant la collégiale de Champeaux

MEAUX
A. LE BLONDEL, IMPRIMEUR-ÉDITEUR
Libraire de la Société d'agriculture

1894

VOYAGE DE CHAMPEAUX A MEAUX

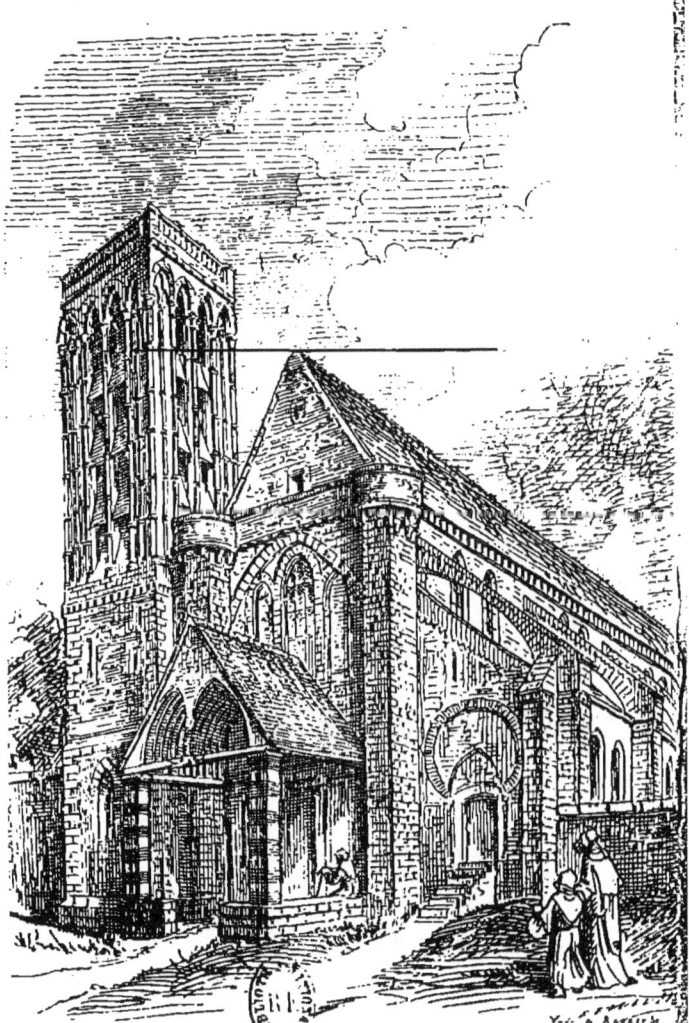

La collégiale Saint-Martin de Champeaux.

VOYAGE
DE CHAMPEAUX A MEAUX

FAIT EN 1785

Par l'abbé Henry GOUDEMETZ

Chanoine du Chapitre de Champeaux-en-Brie

Publié d'après le Manuscrit autographe

AVEC NOTICE SUR L'AUTEUR

PAR M. VICTOR ADVIELLE

OFFICIER DE L'INSTRUCTION PUBLIQUE

MEAUX

A. LE BLONDEL, IMPRIMEUR-ÉDITEUR

Libraire de la Société d'Archéologie de Seine-et-Marne

1892

NOTICE

SUR L'ABBÉ Henry GOUDEMETZ

L'abbé Henry-Joseph Goudemetz, auteur du *Voyage de Champeaux à Meaux*, naquit à Saint-Pol en Artois, le 26 mai 1749. Après avoir achevé ses études au séminaire de Saint-Sulpice, il fut nommé vicaire de La Villette en 1775, puis en 1780 chanoine de l'église Saint-Martin de Champeaux-en-Brie, en remplacement du chanoine Cerveau.

Déjà, le jeune abbé s'était révélé comme poète satirique et amateur de voyages; et on avait même ajourné d'un an sa réception dans les ordres, à cause de vers peu charitables qu'on avait découverts dans son pupitre. A Champeaux, il se laissa entraîner encore à la suite de Boileau, en écrivant *La Chapitromachie*, poëme où tous ses confrères étaient plus ou moins maltraités. Il prétend, pour s'excuser, que son poëme fut fait avec leur consentement et pour les égayer; il est probable, cependant, qu'il en résulta pour lui quelques ennuis, car peu de temps après il quitta Champeaux pour aller se fixer à Crétot, en Normandie, comme curé de cette paroisse. En tout cas, l'abbé Goudemetz aurait dû se préparer par d'autres travaux au ministère paroissial.

Ce n'est pas qu'il ne fût capable de faire mieux; il l'a prouvé, d'ailleurs, en entretenant une volumineuse correspondance, souvent intéressante, avec ses parents et ses amis; en commençant à Champeaux un recueil de distiques latins et de poésies latines tirés des meilleurs auteurs; en y rédigeant un récit mouvementé de ses premières pérégrinations.

La Chapitromachie a disparu, mais son *Voyage de Champeaux à Meaux* nous a été conservé; nous le publions d'après le manuscrit autographe que M. J. Becquart, imprimeur à Saint-Pol, a bien voulu nous communiquer.

C'est évidemment l'un de ses meilleurs écrits.

On pourra reprocher à l'abbé Goudemetz d'avoir, en maints endroits, copié servilement les historiens du pays, notamment Dom Toussaint Duplessis; son *Voyage* n'en reste pas moins un tableau saisissant de la contrée à la fin du siècle dernier.

Parmi les amis que l'abbé Goudemetz s'était faits à Champeaux, il faut citer, d'abord, le chanoine de Monchi, qui devint curé de Dieppe et l'aida à être curé de Crétot; puis les chanoines Barbier, Bouillé, du Cardonnoy (1), Fléau, de la Girardière, Martinot, Morizot, Olivier, Séguier. Il fut aussi en relations d'amitié avec Vidal, prévôt de Champeaux, et avec Bridou, prieur des Carmes de Melun, à qui il écrivit souvent.

Dès ce moment sa correspondance fut très étendue.

---

(1) M. du Cardonnoy, fils du doyen du Grand Conseil, était aussi poète à ses heures. Il nous a été communiqué une courte épître en vers que le bon chanoine adressa à Sa Grandeur Monseigneur l'archevêque de Paris le 5 août 1771. Nous croyons qu'on la lira avec plaisir :

> Petit chanoine de village,
> A peine entré dans mon ménage
> J'ose écrire à Votre Grandeur ;
> Je n'ai qu'un fort mauvais potage :
> Que le vin dont je fais usage,
> Pire que l'eau fait mal au cœur ;
> Que, loin d'avoir un équipage,
> Comme il convient à tout seigneur,
> Je n'ai dans tout mon ermitage
> Qu'un lit de très peu de valeur,
> Un siège, une table, une image
> Représentant Notre Sauveur.
> L'or me manque, et c'est mon malheur !
> Je n'en aurai qu'après mon stage,
> En attendant, j'ai pour partage
> L'inquiétude et la douleur.
> Chacun dit dans le voisinage :
> « C'est un bon homme ! quel dommage
> « Que son sort ne soit pas meilleur !
> « Avec un ministre en faveur...
> « Pourtant,... il a du cousinage !
> « Comment donc n'est-il pas Prieur,
> « Ou même abbé ? » — C'est leur langage.
> Pour moi je vous rends mon hommage
> Et suis votre humble serviteur.
>
> DE CARDONNOY, *chanoine de Champeaux.*

(*Note de l'éditeur.*)

Le séjour de l'abbé Goudemetz à Crétot dura à peine cinq ans; bientôt la Révolution éclata, et comme beaucoup d'autres prêtres normands il dut se réfugier en Angleterre. Ce temps d'exil, qui se prolongea de 1792 à 1801, fut favorable aux études qui ont été le charme de sa vie; il put s'y consacrer entièrement, grâce aux secours persévérants d'un riche Anglais, que le hasard lui avait fait rencontrer. Lorsque enfin les circonstances furent favorables à son retour en France, l'abbé Goudemetz rentra dans son ancien diocèse, et c'est là qu'il termina ses jours le 4 novembre 1828, comme curé de Sausseuzemare-en-Caux.

Pendant toute sa vie il n'a pas cessé un seul jour d'écrire et de compiler. Ses recueils manuscrits, qu'il appelait ses *enfants,* formaient près de deux cents volumes, gros ou petits. La plupart ont été disséminés ou détruits; heureusement il en reste encore quelques-uns dans diverses bibliothèques particulières, et c'est d'eux que nous ayons tiré les éléments d'une notice complète que nous publierons prochainement, et qui mettra l'abbé Goudemetz dans son vrai jour de poète, de narrateur et d'historien.

Cent cinquante ans avant l'abbé Goudemetz, la collégiale de Champeaux avait abrité un autre poète, dont le souvenir tend aussi à disparaître : c'est Benjamin de la Villate, chanoine, et auteur d'au moins deux volumes imprimés. Le plus connu est un poëme dont voici le titre : *Songe et son interprétation, avec un Hermitage chrestien*. (1)

Dans sa préface, de la Villate déclare ne pas croire aux songes; mais il reconnaît cependant qu'ils indiquent « le calme ou la « tourmente de l'âme », suivant que l'on songe aux choses honnêtes ou aux choses déshonnêtes (2).

Or, s'il a mis le mot *Songe* en tête de son livre, c'est qu'il a voulu, en poète inspiré, célébrer « l'homme », qui est le sujet de son poëme.

« Tu n'auras à mespris ce mot de songe », dit-il au lecteur, « car en lisant le livret qui « porte ce titre, tu cognoistras que sous ce « frivolle manteau sont couvertes et ombra-« gées choses dignes et sérieuses. »

Et après s'être excusé de n'avoir pu faire mieux, il ajoute :

« Presupose donc que i'aye fait en cet en-« droit ce que fit un peintre ancien quand il « voulut représenter dans un petit tableau un « grand Cyclope dormant; il y apporta tel ar-« tifice qu'il y peignit tout auprès des satyres

---

(1) *A Paris, chez Iean Laquehay, rue Clopin, près le Collège de Boncourt*, M.DC.XXVI, in-8. — Rare.
En tête, portrait de l'auteur gravé par J. Picart.
(2) *Choses sales et vilaines*, dit Villate.

« qui luy mesuroient le pouce avec une ba-
« guette; et prend la peine, s'il te plaist, de
« voir en ce petit tableau tiré du pinceau de
« mes vers, la peinture de ce Songe, aux traits
« et linéaments duquel tu pourras aisément
« cognoistre ce que le peintre y a voulu cacher
« et ombrager. »

Pour savoir ce que B. de la Villate a *caché* et *ombragé*, il faudrait lire tout son poëme, et il se compose de plus de trois mille vers, écrits, on en juge par sa prose, en périodes peu harmonieuses.

Un sonnet adressé à l'auteur nous donne d'ailleurs l'analyse du *Songe*. Il y est dit que l'homme n'est jamais content; que princes et rois sont tourmentés d'ambition; et que le riche, à qui pourtant tout sourit, est de tous les humains « celui qui vit le moins content ».

Le poëte anonyme ajoute :

D'où vient cela? c'est que l'homme et sa vie
N'est rien qu'un songe, un songe qui convie
A souhaiter meilleur sort que le sien.

O malheureux! tandis qu'ainsi tu songe
Ta vie et toy, qui n'estes qu'un vain songe,
Et tes souhaits se finissent en rien.

Un autre rimeur, un Melunais, — peut-être chanoine de Champeaux, car il semble être de la maison — I. Riotte, est plus enthousiaste encore du *Songe;* il décoche, en effet, à l'auteur ce très brûlant quatrain :

> J'adore ton vers immortel,
> Tout divin, tout plein de merveilles.
> Villate, si ton songe est tel :
> Bon Dieu quelles seront tes veilles!

Après ce qui précède, nous n'essaierons pas de découvrir le sens caché du poëme de Villate; l' « obscur chaos » du Songe a dû « détraquer » ses contemporains eux-mêmes.

L'auteur n'en est pas moins un des anciens poètes français les plus intéressants. Il est curieux à étudier à cause de l'emploi fréquent qu'il fait de mots qui avaient vieilli ou qui déjà appartenaient à la langue verte. Mais, au fond, c'était un rêveur qui a pu rêver tout ce qu'il a écrit, et dont la muse un peu légère, comme il le reconnaît lui-même, a parfois les allures des quatrains de Nostradamus.

L'*Hermitage*, qui suit, a la même étendue que le *Songe,* mais les vers sont d'une facture différente.

En abandonnant l'alexandrin, Villate a singulièrement allégé sa pensée; ici, il est plus vif, plus français, quoiqu'il ne mérite certainement pas cet Éloge de l'un de ses admirateurs :

> Quand je lis tes beaux vers, ô miracle supresme,
> Tes vers portraict naïf, où s'est peint ton esprit
> D'immortelles couleurs, je pense que Dieu prit
> Lorsqu'il le composa de son essence mesme.

. . . .

> Villate ie t'adore, et ta fertille veine
> Qui douce peut flatter les oreilles des Roys;
> Tu efface l'honneur des Poëtes françois
> Tous ils ont pris d'autruy, toy seul de ta fontaine.

Après cet éloge, que n'a point ratifié la postérité, il ne nous reste plus qu'à citer quelques vers de l'*Hermitage chrestien;* en voici un passage typique :

> Fay donc, Pere, me ravissant
> . . . .
> Que tandis que ie me promeine
> . . . .
> Ie voye la misère humaine.
> Ie contemple les lieux hantez
> La bas, et toutes les citez,
> Les hameaux, les bourgs, et les villes,
> Les rivières, les lacs, les mers,
> Tout genre de mestiers ouverts.
> Les grands, les précieux, les viles,
> Les Palais les plus somptueux,
> Les temples aux encens fumeux,
> Les couvents et les monastères,
> Les Cours, parquets, les tribunaux,
> Tous les sages iudiciaux,
> Les marchers, les halles, les foires,
> Les banques et bureaux de prix,
> Les boutiques où sont nourris
> Les artisans de toute sorte,
> Les Imagers et les fondeurs,
> Les lapidaires-affronteurs
> Et ceux dont est œuvre à la porte,
> Peintres, entailleurs, armuriers,
> Esmailleurs, graveurs, grossiers,
> Et les maistres d'orfevrerie,
> Scieurs, massons, ingenieux
> Notaires, barbiers gratieux
> Et les cuiseurs de poterie.
>
> Bref en tout mestier, et partout,
> Ie ne verray rien qu'un esgout
> De tous crimes abominables.

> Aux Palais, les ambitions,
> Mensonges, adulations,
> Haynes, envies exécrables.
> Au temple et sanctuaire sainct,
> Hypocrisie et amour feinct
> Les rancunes et la luxure.
> Aux monastères et couvents,
> Désordres qui vont dépravant,
> Leurs religieuses tonseures...

Villate, on le voit, n'était pas tendre pour les artisans, les gens de robe, et même les gens d'église. Fut-il plus généreux envers ses confrères de la collégiale ? On le croirait, puisqu'à trois d'entre eux, il adressa ces sonnets :

> A Maistre Estienne BOURDIER,
> l'ancien Chanoine de l'Eglise de Champeaux,
> confrère de l'Autheur.

> SONNET.

> Entre la troupe saincte à la bataille duitte
> Contre les esprits noirs, malicieux, accorts,
> Hostes des airs espais, et çà bas fiers et forts,
> Tu es un grand Athlette, et d'un divin mérite.
>
> Tu es fort, et pourtant de tes armes deslitte,
> Tu te remets tousiours (ainsi les preux et forts
> S'arment pour resister aux dangereux efforts
> Des ennemis armés pour les tourner en fuitte.)
>
> Tu as dessus les reins le baudrier de la foy,
> Le pavois de constance est tousiours devant toy,
> Tu t'armes du harnois de iustice parfaitte.
>
> Le glaive de l'esprit tu as entre les mains
> Dont tu tranche la teste à ces démons malins
> Qui ne te dira donc un invincible Athlette ?

A Monsievr Fouqvet,
Chanoine de la dicte Eglise.

Sonnet.

Qvand i'aurois de Phœbus l'arc aux deux bouts d'yvoire
Que de son carquois d'or i'aurois les traits dorez,
Qu'il tire quand il veut vers les Héros sacrez
Pour atteindre le but de leur diuine gloire ;

Mais quand i'aurois le dart dont l'antique memoire
Avoit si fors le bois, les bouts si asseurez
Que tousiours ils frappoient à leurs bouts preparez
Comme il lut à Procris, mais à son dam, notoire.

Cet arc, ce dart, ce trait empennez de mes vers
Ne pouroient de ton los, de tes honneurs diuers,
De toutes tes vertus, le but parfait attaindre.

Car ton esprit si haut porte leurs œlerons
Qu'à peine ie pourois frapper aux enuirons,
Et comment donc pouroit mon petit trait s'y ioindre ?

A Maistre Nicolas Iovrazier,
aussi Chanoine en la dicte Eglise.

Sonnet.

Le mesnager pratiq' qui seme en abondance,
Soit les pepins des fruicts, soit le grain de froment,
En extreme soulas moissonne abondamment,
L'ample moisson ne vient que de l'ample semence.

Ainsy toy qui ton ame amplement ensemence
Des pepins de vertus, qui germent doublement,
Et du grain des bons vœux, desirs, œlancement,
Et d'Innocents plaisirs. Voicy la recompense.

Vne heureuse moisson certes te comblera
De benedictions dont ton heur doublera
Se germinant en grace, et en gloire sans terme.

> Grace immense tandis que tu vis Icy bas
> Et gloire immense apres le sort de ton trespas,
> Car la grace est de gloire, et la ligne et le germe.

Bachot, curé de Mormant, auteur des *Noctes Mormantinæ*, l'avait célébré en vers latins; à son tour, il lui dédia une Ode; et tenant, en outre, à mériter les bonnes grâces de Messieurs du Présidial de Melun et du Lieutenant général de Meaux, gendre de Fremin, Président du Présidial, il les combla d'éloges, en vantant leur sagesse, leur prudence et surtout leur équité

> A tenir droit de Themis la balance.

Nous aurions désiré retrouver un portrait de l'abbé Goudemetz, afin de voir si ses traits répondaient à l'idée que nous nous sommes faite de cet ecclésiastique lettré et un peu mondain : il nous a été impossible de nous le procurer.

Nous sommes plus heureux avec Villate; lui, au moins, a été au devant des désirs de la postérité, en faisant graver son portrait par un artiste de talent et en le mettant gaillardement à la tête de son livre, en homme qui ne craint pas qu'on le dévisage.

En ceci, il a eu pleinement raison, car sa figure est sympathique, quoique la pose soit affectée, qu'il se soit ceint le front d'une couronne d'épine et d'olivier, et qu'il ait placé au-dessous de son portrait ces deux quatrains :

> Villate est tel de front et de posture
> Que tu le voids en ce portrait naïf :
> Et si tu fais de ce liure lecture
> Tu pourras voir son esprit peint au vif.
>
> Son chef est ceint et d'ospine et d'oliue,
> C'est le repos et le commun labeur ;
> Il passera l'un en charité viue
> Pour avoir l'autre en éternel bonheur.

Lorsque Villate écrivit ces vers il pouvait avoir soixante ans. C'était bientôt, en effet, l'âge du repos.

Nous aimons à réunir ici en un seul souvenir les noms de Villate et de Goudemetz, chanoines lettrés de la collégiale de Champeaux.

Le possesseur du manuscrit du *Voyage de Champeaux à Meaux* a bien voulu en permettre l'impression. Nous lui en sommes très reconnaissant ; mais nous ne devons pas oublier non plus que c'est aux bons soins de M. Le Blondel, imprimeur à Meaux, que nous devons la mise en lumière de ce document, qu'il a pris soin d'annoter avec le concours d'un de ses collègues de la Société d'archéologie de Seine-et-Marne. Ainsi complétée ou rectifiée, l'œuvre de l'abbé Goudemetz peut affronter l'examen.

Victor Advielle.

VOYAGE DE CHAMPEAUX A MEAUX

Quand on n'est qu'à dix lieues d'une ville un peu considérable, et qu'on néglige de la voir, j'estime qu'on se rend tout au moins coupable du crime de lèse-curiosité. Meaux étant la seule ville de Brie où je n'avais point encore porté mes pas, je brûlais depuis longtemps du désir d'y aller. Le hasard voulut que deux compagnons de voyage, séduits par mon exemple, s'offrirent de m'accompagner. Nous fîmes choix d'une voiture extrêmement légère, vulgairement appelée *tape-cul*, qui, manquant d'impériale et ne nous dérobant la vue d'aucun objet sur la route, laissait un champ plus vaste à nos observations. Nous sortîmes de Champeaux par la porte de Paris et nous enfilâmes l'avenue d'Andrezel. La proximité de ce village avec le lieu de notre résidence faisait que nous savions notre Andrezel par cœur ; aussi n'*intéressâmes*-nous aucun naturel du pays pour puiser les connaissances suivantes.

Le château offre un très joli pavillon environné de superbes fossés et dominant de toute part sur la plaine. On a élevé depuis peu deux ailes qui rendent ce château beaucoup plus *conséquent*, et qui ont été pour l'édificateur un objet de plus de quarante mille francs. On ne trouve point à redire que le bâtiment ne soit pas d'aplomb, mais seulement qu'il n'ait aucune allée principale en perspective. La distribution du dedans ne saurait être mieux prise. Le salon, la plus belle pièce du château sans contredit, est remarquable par ses glaces et sa boiserie. Tous les appartements, exempts de dorures, ne brillent que par une noble simplicité. Le parc, sans être bien étendu, est un des mieux dessinés que je connaisse.

Cette terre est passée des mains de M. Picon d'Andrezel, ambassadeur à la Porte (1), dans

---

(1) Jean-Baptiste-Louis Picon, seigneur, puis marquis d'Andrezel, ancien secrétaire du cabinet du roi, ambassadeur à Constantinople, mort en 1727. Son portrait a

celles de M. Nouette, trésorier général de la marine (1), en 1773. Les lods et ventes dus au chapitre de Champeaux formèrent la somme de 3,135 livres; ce qui valut à chaque membre en particulier 258 livres.

M. Nouette est actuellement occupé à faire bâtir près de son parc une ferme qu'on viendra voir de très loin par curiosité. Un projet de cette force ne peut être exécuté que par un financier comme lui, riche à millions.

En 1783, lors de la visite diocésaine de M. l'archevêque de Paris, M. Nouette fit servir dans son château à ce prélat un repas des plus splendides.

Le chapitre de Champeaux est patron et gros décimateur d'Andrezel. Quant à la dime, il jouit

---

été gravé in-folio, d'après Hyacinthe Rigaud, par Chéreau; il existe un premier état de cette gravure, avant qu'on y mit le titre d'ambassadeur près la cour ottomane. Ses héritiers conservèrent la terre d'Andrezel, qui fut vendue 46 ans plus tard sur la poursuite des créanciers de Jean-Louis Picon, vicomte d'Andrezel, et de Louis-René d'Andrezel, seigneur de la Motte-Saint-Méry.

(1) Etienne Nouette, écuyer, conseiller-secrétaire du roi, trésorier général des Invalides de la Marine, s'était rendu acquéreur de la terre d'Andrezel le 18 août 1773, moyennant 260,500 livres.

annuellement de son droit; mais pour la cure, comme c'est un excellent morceau, il n'y a presque pas d'exemple qu'il y ait jamais nommé ; toujours elle passe à un autre par la voie de la résignation. Pour que le chapitre soit collateur *nomine et re,* il ne faut rien moins qu'une mort subite.

L'église d'Andrezel n'a rien qui pique l'attention du voyageur ; elle peut se flatter en revanche d'avoir à sa tête un pasteur bien étoffé. Son embonpoint, chose rare à son âge, ne fera que croître et embellir. Que j'aimerais en passant à rendre hommage à son mérite et à ses vertus, si sa modestie ne m'imposait le plus rigoureux silence (1).

La paroisse en elle-même n'est ni nombreuse ni difficile à desservir ; mais deux ou trois écarts assez éloignés aggravent beaucoup le fardeau pastoral. C'est dans un de ces écarts appelé

---

(1) L'église St-Jean-Baptiste d'Andrezel, érigée en 120?, a été rebâtie au xvie siècle. Elle avait pour curé en 1785 Romain Pichonnier, prêtre du diocèse de Bayeux, qui prit part au mouvement de 1789, publia plusieurs brochures de circonstance en 1790 et 1791, devint membre du directoire du département de Seine-et-Marne et quitta le pays après 1794.

Mainpincien qu'est né le pape Martin IV, appelé auparavant Simon de Brie (1). Il fut trésorier de Saint-Martin de Tours, puis garde des sceaux du roi saint Louis en 1260, ensuite cardinal en 1261, et enfin pape après la mort de Nicolas III, le 22 février 1281. Il excommunia Michel Paléologue, comme fauteur du schisme des Grecs, et Pierre III, roi d'Aragon, qui s'était emparé de la Sicile, après le massacre des vêpres siciliennes, auquel ce prince avait eu grande part en 1282. Martin IV mourut à Pérouse en 1285. Honorius IV lui succéda.

Quand on considère que sept villes de la Grèce se sont disputé l'honneur d'avoir donné naissance à Homère, combien n'est-il pas glorieux pour la paroisse d'Andrezel d'avoir donné un chef à l'Eglise ! Les fastes de la Brie n'offrent rien de si mémorable.

La petite chapelle de Saint-Eloi *prope Andresellos* est à la collation du chapitre de Champeaux. On ne doit pas être jaloux d'en être titulaire, car outre qu'elle ne rapporte que cent sols, c'est

---

(1) Simon de Brion, fils d'un **receveur et grand-maire** de la seigneurie de Donnemarie, pour les chanoines de Saint-Martin de Tours.

qu'elle menace encore une ruine prochaine (1).

Etant arrivés sur la grande route, nous laissâmes sur la droite le château de Verneuil, que nous ne crûmes pas devoir visiter, et nous traversâmes le village de Guignes. Les savants sont fort partagés sur la qualification de ce village : les uns veulent que ce soit Guignes-Rabutin, les autres Guignes-la-Putain. Les premiers appuient leur dire sur ce que cette terre a appartenu autrefois à la maison de Rabutin ; les seconds font dériver ce surnom de ce que, dans les guerres civiles, les habitants coururent se renfermer dans le château de Vitry où, n'écoutant que leur propre sûreté, ils se disaient toujours du parti de ceux qui se présentaient, ce qui donna l'idée de les comparer à une fille de mauvaise vie qui se livre à tout venant. Une preuve que cette dernière signification est la véritable, c'est qu'on figure toujours une fille sur les drapeaux de l'arquebuse.

Il n'y a pas quarante ans que Guignes est

(1) Cette chapelle de Saint-Eloi, fondée en 1236 à la Borde d'Andrezel, par un seigneur nommé Aubert, fut rétablie en 1598 par le président Jacques Viole ; tombée en ruine, elle a néanmoins été vendue nationalement à la Révolution.

érigé en cure. M. le comte de Coubert, seigneur du lieu, y fit bâtir une fort belle église en 1747, et on installa pour premier curé le neveu du curé d'Yèbles, d'où Guignes ressortissait (1).

M. le comte de Coubert est petit-fils du fameux Samuël Bernard, maître de requêtes, intendant de la maison de la feue reine et commandeur de l'ordre de Saint-Louis. Son château de Coubert, à deux petites lieues de Guignes, est la plus belle chose du monde (2).

On compte dans ce village environ 140 feux et 400 communiants ; il est de l'élection de Melun et du diocèse de Sens. C'est un endroit de grand

---

(1) Jacques-Samuël Bernard, fils, comte de Coubert et seigneur de Guignes, construisit en 1744 une église dans cette dernière localité, qui dépendait de la cure d'Yèbles ; il la fit ériger en paroisse distincte en 1747 et bénir le 1ᵉʳ mai de la même année.

(2) L'ancien château de Coubert, où le maréchal de Vitry avait fait exécuter des peintures par P. Mignard, fut remplacé de 1724 à 1727 par de belles constructions élevées aux frais de Samuël Bernard. Cette demeure seigneuriale a disparu en grande partie ; les annexes et quelques bâtiments restés debout ont été heureusement aménagés par les soins de M. Parent, acquéreur en 1851, de façon à constituer une confortable habitation, à laquelle un grand parc, les bois et les eaux donnent un agrément particulier.

passage à cause de la route de Champagne et d'Alsace.

Depuis un temps immémorial il y a à Guignes une compagnie de l'arquebuse dont les titres et papiers ont été perdus et soustraits pendant les guerres civiles. Le 11 août 1686 cette compagnie fut remise en vigueur par le maréchal de Schonberg, seigneur de Guignes. Le pavillon qui sert d'assemblée aux chevaliers est une fort jolie habitation (1).

En 1731 il y eut un combat sanglant à Guignes entre quinze ou dix-huit contrebandiers et autant de commis qui étaient à leur poursuite. On fit feu de part et d'autre pendant huit heures; ce n'étaient pas des hommes, c'étaient des diables. Il n'y eut néanmoins qu'un commis et un contrebandier de tués. La maréchaussée se mit aux trousses de ces fuyards et en repêcha cinq qui furent conduits à Paris. On travailla à leurs pièces d'une manière si expéditive qu'en moins de huit jours ils comparurent à la Grève; leurs

---

(1) Le maréchal de Schonberg avait donné à cens, le 10 mai 1701, aux chevaliers de l'arquebuse de Guignes, un emplacement sur lequel ils édifièrent leur hôtel; à la suppression de la compagnie, en 1792, les chevaliers vendirent cette maison à M. Fontaine.

cadavres furent ramenés à Guignes pour être exposés sur le champ même de bataille.

L'église de Guignes retentit encore de la scène scandaleuse arrivée lors du transport de M. l'abbé Terray à sa terre de la Motte en 1778. (1). Les prêtres de Saint-Sulpice qui accompagnaient le corbillard jugèrent qu'il était plus décent de déposer le corps dans l'église pendant la nuit, que de le laisser dans une cour d'auberge. Le lendemain, quand on fut pour le reprendre, ne voilà-t-il pas qu'une troupe d'habitants mutinée barricade l'église, oppose la plus vigoureuse résistance, et ne consent à l'enlèvement qu'à condition de financer une somme deux fois plus forte que la veille. Les gens du convoi parviennent à forcer l'église ; toute la populace s'y précipite avec eux. Ils interpellent le procureur fiscal d'instrumenter ; mais les mutins faisant un vacarme horrible le troublent dans ses fonctions, on n'entend que des huées, des murmures et des horreurs contre la mémoire du défunt. C'était vraiment l'abomination et la désolation dans le lieu saint. Cette scène affreuse allait encore durer, lorsque tout à coup l'intendant d'Auch, neveu du mort, arrive

(1) La Motte-Tilly (Aube).

à Guignes. Quelle est sa surprise de voir une telle émeute à l'occasion de son oncle et d'apprendre les exactions criantes qu'il n'était, ce semble, réservé qu'au défunt de commettre. Il jette aussitôt feu et flamme, donne ordre aux brigades voisines de venir et promet de tirer de cette insulte une vengeance éclatante.

Il avait à peine manifesté ses foudroyantes intentions, que les rebelles étaient déjà tous rentrés dans le devoir. Ils le supplièrent les larmes aux yeux de leur pardonner ces excès auxquels ils ne s'étaient portés que dans la vue de procurer quelque secours à leur pauvre fabrique. L'intendant voulut bien les tenir quittes pour la peur. On chargea sur le champ le corbillard et on le vit voguer sans obstacle dans la plaine.

Nous ne trouvâmes absolument rien de remarquable dans le trajet de Guignes à Chaumes; mais une fois arrivés dans cette ville, nous eûmes de quoi nous dédommager. Nous vimes Chaumes assis sur la rive droite de la rivière d'Yères ; sa position sur une côte en fait tirer de loin un augure favorable. Le premier objet qui saute aux yeux en entrant est l'abbatiale dont les terrasses annoncent beaucoup de goût. Le bâtiment n'étale ni somptuosité ni magnificence ; aussi n'est-ce jamais un ecclésiastique du premier ordre qu'on revêt de cette abbaye (1). Tout le mérite de cette habitation gît dans sa belle vue. C'était originairement une maison de l'ordre de Saint-Benoit, mais les religieux s'étant comportés d'une manière peu séante, dit la chronique scandaleuse, forcèrent le prélat diocésain à sévir vigoureusement contre eux. Après une enquête plutôt *de incommodo* que *de commodo*, on dispersa les moines dans différentes maisons, et on fonda avec la mense conventuelle un petit séminaire à Sens et un autre à Chaumes pour les enfants du lieu. Cette révolution arriva en 1744 sous M. Languet, archevêque de Sens (2).

(1) Cette abbaye de Chaumes a eu cependant pour abbés commendataires des personnages considérables, parmi lesquels il suffit de citer les Gondy, le cardinal de La Vallette, M. de Goudrin, Ant. Arnauld de Pomponne, Ch. de Calonne-Courtebonne, M. de Breteuil, archevêque de Reims.

A l'époque où le chanoine de Champeaux écrit sa relation, le titulaire était Joseph-François Rigaud, vicaire général de Cambrai, visiteur général des couvents de Carmélites en France.

(2) Les petits Séminaires ont bien été créés en 1744, mais M. Languet de Gergy a supprimé la mense conventuelle et les offices claustraux de l'abbaye bénédictine de St-Pierre de Chaumes, seulement par décret du 27 sep-

Des prêtres séculiers professent à Chaumes les humanités : je crois même qu'on y fait un doigt de philosophie. Je n'ai pas trouvé le collège mal fourni d'écoliers ; les études y sont fortes au point qu'un humaniste de Chaumes ne sentirait pas la province à Paris.

L'église des anciens moines n'est à proprement parler qu'une masse de pierres au travers desquelles le jour paraît avoir de la peine à pénétrer. Le chœur est masqué par une énorme grille de bois qui lui dérobe encore de la clarté. Le tableau du maître-autel, qui représente Notre-Seigneur en croix de grandeur naturelle, est un chef-d'œuvre fait par le célèbre Champagne (1). Cet artiste était né à Bruxelles en 1602 ; il fut recteur de l'académie royale de peinture à Paris. La reine Marie de Médicis, Louis XIII et le cardinal de Richelieu lui donnèrent des marques publiques de leur estime. C'est lui qui fut employé à peindre la voûte de l'église des Carmélites du faubourg Saint-Jacques, où l'on voit un crucifix de sa main qui est très estimé.

---

tembre 1747, approuvé par Louis XV le 8 octobre suivant.

(1) Ce tableau, attribué à Philippe de Champaigne, se trouve maintenant dans l'église de la paroisse.

On admire la boiserie du maitre-autel ; dans un coin de l'église, en entrant, on remarque un sépulcre où il y a deux ou trois figures parlantes.

Louis de Gondrin, archevêque de Sens, était abbé de Saint-Pierre de Chaumes ; il y mourut l'an 1674. Son corps fut reporté à Sens, mais ses entrailles restèrent à l'abbaye. Elles sont renfermées dans le sanctuaire sous un marbre qui porte cette inscription :

Hoc cippo includitur ardens charitate Christi cor magni archiepiscopi Senonensis de Gondrin, hujus monasterii abbatis. Viscera ejus misericordia in pauperes toties commota, hic quoque requiescunt. Ossa jacent in Ecclesia metropolitana Senonensi, expectantia resurrectionem, donec sol convertatur in tenebras, et luna in sanguinem antequam veniat dies domini magnus et terribilis (1).

En 1415, le duc de Bourgogne, qui portait partout la désolation et l'effroi, s'avança avec son armée vers Chaumes, et ravagea tellement l'ab-

---

(1) L'archevêque Louis-Henri de Pardaillan de Gondrin, est mort à son abbaye de Chaumes, dans la nuit du 18 au 19 septembre 1674.

L'inscription qui est rapportée ici était due à Jacques Boileau, grand vicaire et official du diocèse de Sens, frère de Boileau-Despréaux.

baye qu'il n'y resta aucun religieux. Tous les habitants de Chaumes avaient pris la fuite à l'approche du duc, excepté deux femmes qui moururent de faim.

En 1564, Pierre, évêque de Langres, obtint le premier l'abbaye de Chaumes en commende.

Les calvinistes, en 1567, fondirent sur l'abbaye de Chaumes, pillèrent le trésor, coulèrent toute l'argenterie sur une tombe qu'on voit encore dans la nef vis-à-vis la porte du chœur, et jetèrent dans le feu la mâchoire de saint Blaise, qui en sortit miraculeusement. Ce fut un religieux déguisé qui la ramassa et elle fut remise dans le trésor. Ce religieux était natif de Melun et s'appelait Jacques Bridou; les moines, par reconnaissance, l'élurent prieur de la maison.

Saint Dosne, évêque du Mans (1), est en très grande vénération à Chaumes; ses reliques, qu'on conserve précieusement à l'abbaye, ont opéré une infinité de miracles. Elles ont été longtemps perdues; ce ne fut que le 19 avril 1530 qu'on les retrouva dans une vigne de l'abbaye. Charles de Saint-Martin, alors abbé, alla les

---

(1) Saint Dosme ou Domne; on dit dans le pays saint Dôme.

chercher avec ses religieux et les rapporta à l'église avec la plus grande pompe. La procession solennelle et l'exposition de ces reliques se font tous les ans le mardi de la Pentecôte ; le concours de monde ne saurait être plus nombreux.

La tradition qui s'est perpétuée de main en main jusqu'à ce jour, porte que des flammes aperçues du clocher par le sonneur de l'abbaye firent connaitre l'endroit où reposait ce précieux dépôt. Dès l'instant même les cloches de Champeaux sonnèrent toutes seules, et tout le chapitre en corps guidé par ces flammes, comme autrefois les mages, se rendit processionnellement à Chaumes où il y eut une batterie sanglante à l'occasion de ces reliques. Le fait est que les chanoines de Champeaux, apparemment plus faibles, ne purent arracher qu'un os du bras, qu'ils rapportèrent très religieusement chez eux. On fait tous les ans dans leur église l'office solennel de saint Dosne avec exposition de la relique.

M. Couturier, supérieur général de Saint-Sulpice (1), a été nommé à l'abbaye de Chaumes en 1732 et l'a gardée jusqu'au 1er avril 1770, jour de

(1) L'abbé Jean Cousturier est mort au séminaire de Saint-Sulpice, âgé de 83 ans.

sa mort. Ce fut lui qui, muni de l'attache de l'archevêque de Sens, fit, en présence des chevaliers de Saint-Dosne et des principaux habitants de Chaumes, la translation des reliques de ce saint dans une nouvelle châsse.

En 1757, le tonnerre tomba sur l'église de Chaumes et brisa les orgues, qui ne se sont jamais relevées depuis.

Le nommé Jollin, âgé de 21 ans, pour s'affranchir de la contrainte de ses parents, résolut de les quitter. Il vint se marier à Chaumes. Un an après, son inconstance le porte à abandonner sa femme et à aller chercher fortune ailleurs; il épouse dans cet endroit-là une seconde femme dont il eut plusieurs enfants. Ce second mariage n'étant point encore capable de le fixer, il se réfugie dans une ville fort éloignée où il se marie, étant alors âgé de 32 ans. Aussitôt qu'il eut des enfants de cette troisième femme, il songea à retourner chez son père qui l'accueillit et adopta ce troisième mariage. Sa première femme le traduisit en justice pour qu'il la reconnût à l'exclusion des deux autres femmes; mais l'arrêt du parlement de Paris déclara nuls le premier et le second mariages, attendu qu'ils avaient été faits dans le temps que Jollin était encore sous la puissance paternelle. Quant au troisième, il fut jugé bon à cause des 32 ans que Jollin avait pour lors.

Les armes de Chaumes ne sauraient être plus parlantes, puisque c'est de la paille qui les compose : ce sont ces mêmes armes que les chevaliers de l'arquebuse de cette ville adoptent pour leurs drapeaux.

Il y a peu d'endroit aussi grevé que Chaumes du passage des gens de guerre. C'est en cette considération que les habitants obtinrent, il y a quelques années, un affranchissement de taille.

Chaumes est réputé de la Brie françoise ; il a une prévôté royale ; sa justice ressortit au bailliage de Melun ; il dépend de Sens pour le spirituel. La ville ne comporte guère plus de 220 feux et 760 communiants. Ne serait-on pas tenté, avec cette poignée de monde, de prendre Chaumes pour une bicoque ? Mais ce qui lui donne du relief, ce sont les pans de murailles de distance en distance qui dénotent qu'il a été fortifié autrefois, et que tout Chaumes qu'il est, ce n'était point une ville de paille.

L'abbé commendataire est seigneur temporel de la ville. Il a son banc armorié dans le chœur de l'église paroissiale. Cette église, plantée tout au haut de Chaumes, fait la nique à celle de l'abbaye par sa grandeur et sa clarté. Les jeunes gens de la paroisse viennent de sacrifier leurs petites épargnes à son embellissement.

La halle annonce un marché de quelque conséquence. Il se tient à Chaumes deux foires par an ; la première, dite la foire aux œufs, a lieu le mardi de la semaine de la Passion, et l'autre le 19 octobre.

Il y a un hôpital fondé en 1733 (1) par un curé de Blandy et desservi par des Sœurs de l'Instruction chrétienne ou du Sacré-Cœur.

Louis, Charles et François Couperin, trois maîtres en musique, ont reçu le jour à Chaumes. Louis excellait dans l'orgue ; il devint organiste du roi et mourut en 1665. François montait les clavecins des deux autres. Charles, le plus jeune, surpassa ses deux frères ; il mourut en 1669. Il eut un fils sous le nom de François Couperin, si célèbre de nos jours, qui devint organiste de la chapelle du roi ; il est mort en 1733. Sa fille a le

(1) Les lettres-patentes obtenues pour l'établissement de l'hôpital de Chaumes sont en réalité du mois de décembre 1719, et la première pierre de la maison hospitalière a été posée le 7 septembre 1729 par M. de Breteuil, évêque de Rennes, alors abbé commendataire de Chaumes.

clavecin de la chambre du roi, charge toujours remplie jusqu'à elle par des hommes.

Ces connaissances prises, nous sortîmes de Chaumes pour en aller puiser d'autres ailleurs. Nous ne tardâmes point à être satisfaits sur cet article, car à peu de distance de cette ville, sur la gauche, nous aperçûmes les ruines de l'ancien château du Vivier. Nous fûmes enchantés d'en apprendre les particularités suivantes :

Le roi Charles V, n'étant encore que dauphin, faisait ses délices de son château du Vivier. Ce fut là qu'en 1352 il fonda une sainte chapelle pour le repos des âmes du roi Jean, son père, de la reine Bonne, sa mère, et de tous les autres rois ses aïeux. Il donna pour cette fondation 700 livres de rente qu'il affecta sur la tête de 6 chanoines, 4 vicaires et 4 séculiers au service de l'église. Chaque chanoine devait avoir pour son gros 15 livres de rente; chaque vicaire 10, et chaque servant 60 sols. Il y avait un chantre en titre d'office et un trésorier, qui était la seule dignité du chapitre ; il était encore le curé né de tous les autres. Le roi se réserva à lui et à ses successeurs la provision et la nomination de ces bénéfices; il régla en même temps comme un article essentiel de sa fondation qu'aucun de ces bénéficiers ne tiendrait chez lui ni femme ni fille, quelque degré de parenté qu'il y eût entre eux et elles. Enfin il exempta ce chapitre du droit de déport et de toute juridiction épiscopale, toute l'autorité devant résider entre les mains du trésorier ou du chantre en son absence.

En vertu de cette juridiction, le trésorier crut pouvoir, par un mandement particulier en 1648, publier en son nom le jubilé que le pape Innocent X avait accordé pour la paix entre les princes chrétiens; mais M. Séguier, qui était pour lors évêque de Meaux, regarda ce mandement comme attentatoire à son autorité : il le déclara nul et abusif, et le fit supprimer.

Sur la fin du siècle dernier, M. de Breteuil, seigneur de Fontenay (1), agit puissamment en cour pour faire réunir la sainte chapelle du Vivier à celle de Vincennes. Les chanoines du Vivier, qui s'adonnaient à la chasse, venaient le plus souvent tirer jusque dans les vitres de son château de Fontenay. Elle fut éteinte et suppri-

(1) François Le Tonnellier de Breteuil, qui fit ériger sa terre de Fontenay en marquisat (février 1691), était conseiller d'Etat et intendant des finances; il est mort le 10 mai 1705 et fut inhumé le 13 dans l'église de Fontenay.

mée au mois de mars 1694, et le roi, en la réunissant à Vincennes, n'y laissa qu'un seul chapelain de nomination royale, qui serait tenu d'y célébrer la messe tous les jours, avec un fixe de 600 livres. Le 27 juillet de la même année, Etienne Fauvelet, dernier trésorier du Vivier, transféra à Vincennes tous les reliquaires dont son église était en possession. Le principal était une grande croix couverte de lames d'or et ornée de pierreries, où l'on ne trouva qu'un travers de la vraie croix ; car le montant n'y était plus. Au dos de ce même reliquaire on lisait cette inscription en lettres gothiques : « Le roi Charles, fondateur de « l'église du Vivier, donna cette croix à ladite « église l'an 1368 ; et il y a du fust de la vraie « croix de la Sainte Chapelle du palais : et ne « pourra être aliénée pour quelconque nécessité. »

Cette croix est posée sur un pied de vermeil émaillé de bleu, d'environ 2 pieds de haut.

Si les bâtiments du château du Vivier étaient assez mauvais en 1694 pour nécessiter la translation des chanoines à Vincennes, on juge bien que nous n'avons pu y trouver que des masures en 1785. Nous laissâmes le Vivier se complaire dans ses antiquités pour gagner aussitôt **Fontenay**. Je ne saurais mieux caractériser ce bourg qu'en disant qu'on voit d'un même coup d'œil tout ce qu'il renferme et qu'une seule oreille suffit pour entendre ses faits et gestes historiques. On trouve en entrant une espèce de porte de ville (1) et des espèces de fortifications, restes de son ancienne splendeur.

Fontenay, qui a titre de marquisat, a longtemps appartenu à la maison de Breteuil. On voit dans l'église paroissiale la chapelle où toute cette famille a sa sépulture. Cette chapelle est décorée de marbre ; parmi les monuments dont elle est surchargée, on en distingue un en pyramide élevé à la gloire d'un Breteuil, évêque de Rennes (2). Le chœur de la paroisse est très vaste, mais il manque absolument de décoration. On ne voit au haut de la voûte du maître-autel qu'une fastueuse ostentation d'un prieur-curé de Fontenay, qui a fait annoter que cette partie de voûte avait été réparée à ses dépens. Le reste de l'église n'a rien de recommandable, si ce n'est que les cloches sont suspendues sous le porche

(1) Cette porte est toujours debout ; elle faisait partie des travaux de clôture et de fortification autorisés par François I*er* en 1544.

(2) Ces monuments funéraires ont été bouleversés en 1792.

et ne sont séparées de la rue que par une simple grille de bois.

L'abbaye de Genovéfains de Meaux (1) présente à cette cure, et le religieux qui en est pourvu ne jouit pas moins que de dix à douze mille livres de rente ; c'est sûrement un des meilleurs bénéfices de l'ordre (2).

A côté de l'église, sur la grande place, est une superbe fontaine qui verse, par trois ou quatre bouches, la plus belle eau du monde.

Cette fontaine donne en face et sert de point de vue au château de Fontenay qui, quoique bâti en ponts-levis et en tourelles à l'antique, prévient singulièrement en sa faveur. La principale entrée est très majestueuse ; le corps de logis offre des commodités et des appartements sans fin ; les bosquets, les jardins et le parc se mirent dans leurs belles eaux. Ce château ne pèche que par la vue (3).

Fontenay a l'honneur d'appartenir dans ce

(1) Notre-Dame de Chaage.

(2) L'abbé Ledieu, secrétaire de Bossuet, rapporte dans son *Journal* (écrit au commencement du XVIII° siècle) que la cure de Fontenay, l'une des meilleures du diocèse de Meaux, était un établissement de 4,000 livres de rente. »

(3) Le château de Fontenay-Trésigny, reconstruit en

moment-ci à M. le duc d'Ayen, fils de M. le maréchal de Noailles (1), qui y exerce haute, moyenne et basse justice. Comme ce seigneur ne manque pas de maisons de campagne plus modernes que celle-ci, il en donne la jouissance à M. le marquis de la Chèze moyennant quinze cents livres de loyer.

On peut dire que ce qui avoisine la grande place où est la halle est ce qu'il y a de plus passable dans Fontenay. Cela seul dénote que c'est un bourg. En 1252 il y avait un hôtel-Dieu desservi par des religieux. De nos jours, le célèbre frère Côme (2) avait un hospice à Fontenay, sous

---

grande partie au xvi° siècle et accompagné d'un parc de 72 hectares, est toujours une agréable résidence.

(1) Jean-Paul-François de Noailles, duc d'Ayen, plus tard duc de Noailles, était le fils ainé du maréchal ; il avait épousé la petite-fille du chancelier d'Aguesseau et possédait, dans le voisinage de Fontenay, le château de La Grange Bléneau.

Il est mort à Fontenay le 20 octobre 1824.

La duchesse d'Ayen avait péri victime de la Révolution, laissant cinq filles ; le château de Fontenay était passé en 1800 à la marquise de Montagu, et le château de La Grange à Mme de Lafayette.

(2) Jean Baseilhac, religieux feuillant sous le nom de Frère Cosme, était chirurgien ; il acquit de la réputation en pratiquant, au moyen d'un instrument de son inven-

la direction d'un de ses élèves, pour le traitement des malades attaqués de la pierre.

En sortant de Fontenay, le château de La Houssaye ne tarda point à nous apparaître; sa position au milieu d'une riche et vaste plaine n'est pas le moindre de ses agréments. M. Gigault de Crisenoy (1), qui en est propriétaire depuis peu, consacre des sommes immenses à l'embellir.

M. Chapeau, curé de Saint-Germain-l'Auxerrois à Paris, avait été auparavant curé de La Houssaye. Comme il entrait au mieux dans les vues de M. de Beaumont, archevêque de Paris, pour les affaires du temps, le prélat ne crut pas trop faire, pour récompenser son zèle, que de le nommer à la cure de Saint-Germain ; mais il n'y fut pas plutôt installé qu'il tourna le dos à son bienfaiteur, ce qui fit dire alors que M. l'archevêque avait perdu son *chapeau*.

La Houssaye passe pour une bonne cure du diocèse de Paris.

---

tion, l'opération de la taille latérale. Cet habile praticien est mort en 1781.

(1) Etienne-Pascal Gigault, écuyer, secrétaire du roi, seigneur de Crisenoy, ancien contrôleur général de l'audience en la grande chancellerie, avait acheté le château de La Houssaye des époux Bellanger-Plumard de Dan-

Au milieu de la forêt de Crécy, nous trouvâmes un superbe obélisque élevé sous le règne de Louis XV (1). Ce monument est digne de la magnificence de ce prince. Nous laissâmes sur notre droite les villes de Crécy et de Coulommiers pour descendre dans le village de Saint-Germain-lès-Couilly, où il se lève un droit de péage au nom et profit de M. le duc de Penthièvre. Il y a dans ce village deux ou trois maisons de campagne fort honnêtes, à des bourgeois de Paris. Après le pont de Saint-Germain coule la rivière du Grand-Morin qui donne son nom à une assez forte paroisse sur la hauteur (2).

Pont-aux-Dames. — La célèbre abbaye de Pont-aux-Dames avait été originairement établie au pont de Couilly, dans le village même de Saint-

geul, le 6 mars 1781. Achille Gigault de Crisenoy fils le revendit en l'an IX au futur maréchal Augereau, qui y est mort le 12 juin 1816.

(1) Cet obélisque se trouve à la jonction de six routes; il a remplacé en 1735 une croix fixée auparavant sur un socle de gresserie et qu'on appelait la Belle-Croix.

(2) Il y a ici quelque confusion. Aucune localité du voisinage ne tire son nom de la rivière du Grand-Morin, qu'on traverse sur un pont, jadis assujetti au péage, pour passer du village de Saint-Germain au bourg de Couilly.

Germain (1) ; aujourd'hui elle n'en est qu'à un quart de lieue. Hugues de Châtillon, comte de St-Pol, et Marie d'Avènes, sa deuxième femme, la fondèrent en 1226 pour des religieuses de la filiation de Citeaux. Parmi les fonds que Hugues de Châtillon donna pour cet établissement, il y avait 300 arpents de bois dans la forêt de Crécy. Cette maison, entre un grand nombre de bienfaiteurs, compte le roi Charles-le-Bel, la reine Jeanne, son épouse, Blanche, duchesse d'Orléans, tante du roi Charles VI, et Marguerite de Dampierre, femme du connétable de Châtillon. On a trouvé le testament de cette dernière (2), daté de 1310, qui porte les volontés suivantes : Cette dame véritablement chrétienne se reproche d'a-

---

(1) L'abbaye fondée en 1226 par le comte de Saint-Paul près du pont sur le Morin, se trouvait sur la rive droite de la rivière, c'est-à-dire au territoire de Couilly et non sur Saint-Germain. C'était l'abbaye du Pont-Notre-Dame ou Notre-Dame-du-Pont. Transférée dès 1239 au hameau de Ruz, elle transmit son nom à ce hameau, qui s'appela le Pont-aux-Dames.

(2) Le testament de Marguerite de Dampierre se trouve dans le Cartulaire manuscrit du couvent du Pont-aux-Dames, à la Bibliothèque nationale. Il est rapporté par extrait dans le second volume (p. 203) de l'*Histoire du diocèse de Meaux*, de Dom Toussaint Duplessis.

voir donné du pain à ses chiens, aussi bien que les restes de sa table qu'elle aurait dû faire distribuer aux pauvres, et en réparation elle laisse une somme considérable pour ceux-ci. Elle veut qu'on leur restitue tout le gain qu'elle a fait au jeu de dés. Il lui restait un pèlerinage à faire à Saint-Fiacre, elle laisse une somme pour le faire acquitter à son intention. On voit dans l'église de l'abbaye la sépulture de cette dame, avec toutes celles de la maison de Châtillon (1).

Pont-aux-Dames a eu des abbesses d'une famille et d'un rang distingués : V. G. Isabelle de Chabannes; Mme de Beauvilliers de Saint-Aignan, sous le règne de Henri IV ; ce fut elle qui cloitra ses religieuses qui ne l'étaient plus depuis longtemps. Les maisons de Lorraine et de La Trémoille ont illustré cette maison, dont la principale gloire consiste moins dans cet éclat temporel que dans la grande régularité et l'esprit de ferveur

---

(1) Les bâtiments du couvent, y compris l'église qui renfermait beaucoup d'autres tombeaux décorés de sculptures, ont été vendus à la Révolution; le tout a disparu.
Alexandre Lenoir avait recueilli au musée des Petits-Augustins plusieurs statues provenant de ces tombeaux; il en existe deux, du xive siècle, dans les nouvelles salles des sculptures de la Renaissance, au musée du Louvre.

qui n'y a encore souffert aucune altération, aucun affaiblissement depuis sa première institution.

Louis XV avait à peine les yeux fermés que Mᵐᵉ du Barry, sa favorite, reçut un ordre de la cour qui l'exilait à l'abbaye de Pont-aux-Dames, avec défense de parler à qui que ce soit du dehors. Il ne fallait rien moins à ladite dame qu'une maison aussi régulière et aussi édifiante pour commencer l'œuvre de son repentir.

Quand nous fûmes parvenus à la dernière montagne avant Meaux, cette ville se présenta à nous sous toutes ses faces. Exposés à un soleil brûlant et aiguillonnés du désir d'y moissonner de riches détails, nous précipitâmes tellement notre marche que nous y arrivâmes pour dîner. Tout notre temps, hors les repas, fut employé à parcourir les **Curiosités de Meaux**.

La Brie champenoise, une des belles provinces de France, est, d'après tous les géographes, divisée en haute et basse Brie, et la Brie pouilleuse. Meaux est la capitale de la haute Brie. La Marne, qui l'arrose, prend sa source près de Langres, passe à Chaumont, à Joinville, à Saint-Dizier, à Vitry, à Châlons, à Château-Thierry, à La Ferté-sous-Jouarre, à Meaux, à Lagny, et va se mêler à la Seine au pont de Charenton.

Il y a des villes qui sont distinguées par haute et basse ville ; Meaux est susceptible d'une autre division, savoir la Ville et le Marché. La partie de Meaux qu'on appelle l'Ile ou le Marché occupe un assez grand emplacement baigné de tous côtés par la rivière, à la faveur d'un canal pour le passage des bateaux. Ce canal, qu'on n'a pu excaver davantage à cause de la rencontre du tuf, joue par le moyen de deux fortes écluses qui contiennent l'eau comme dans un bassin. On fait manœuvrer ces écluses jusqu'à vingt ou trente fois par jour, ce qui rapporte de gros droits au fisc.

Il est juste de commencer ma narration par l'objet le plus piquant, par le monument le plus respectable : je veux dire par la **Cathédrale de Meaux**.

Cette insigne basilique, l'ouvrage de beaucoup d'évêques de Meaux, n'a été mise en l'état où nous la voyons qu'au commencement du xvi° siècle. Ce vaisseau a quatre voûtes différentes : la première et la plus exhaussée s'étend d'un bout à l'autre de l'église ; la deuxième est celle du premier bas-côté ; la troisième est celle du deuxième bas-côté ; la quatrième celle des chapelles de la nef. Cette église porte 52 toises de long sur 22 toises de large dans la croisée. Sa hauteur est de 16 toises sous clef sans compter 9 autres toises d'espace entre le dessus de la voûte et le faîte du bâtiment. La tour, où sont renfermées cinq grosses cloches et cinq plus petites (1), a 81 pieds en carré et environ 200 de haut; on y monte par un escalier à noyau de 250 marches (2). La plate-forme de la tour, couverte en plomb, est surmontée d'un beffroi où est le tocsin de la ville avec cette sentence : *Nisi Dominus custodierit invitatem, frustrà vigilat qui custodit eam.* C'est de là qu'on découvre assez aisément dans un beau jour le mont Valérien et Montmartre. Il y a des guérites aux quatre coins de la tour.

La charpente de l'église, qui est en bois de châtaignier, est aussi saine, aussi forte, aussi neuve que si elle venait d'être placée. Sur le haut du pignon du côté du midi est un saint Michel qui a plus de 7 pieds de haut, avec des ailes de fer et des piquants pour empêcher les corbeaux de s'y percher. Autrefois on voyait sur

---

(1) Il n'y a plus aujourd'hui que quatre cloches : *Marie, Etiennette, Faronne* et *Céline.*

(2) L'escalier qui conduit à la plate-forme de la tour a, en réalité, 310 marches.

le haut de l'église un très beau clocher de charpente couvert de plomb, fait en manière d'encensoir, et dont la flèche était fort élevée ; c'était un des principaux ornements de la cathédrale, mais comme il menaçait ruine on le démolit en 1640. La boule et la croix, qui étaient de bronze doré, ~~pesaient~~ 600 livres. Il n'y a plus, à la place de ce clocher, que la cloche du chapitre. Vingt-huit gros pilastres soutiennent les murs de ce bâtiment, avec autant d'arcs-boutants en dehors qui leur répondent. Tout l'édifice est planté sur une petite élévation en colline où l'on monte de tous les côtés de la ville. On peut se promener hardiment pendant trois quarts d'heure autour de l'église sans passer par le même chemin.

Le portail ne s'annonce que par sa belle tour. La nef et les bas-côtés sont soutenus par dix-huit piliers ; le sanctuaire est fermé par six colonnes rondes fort déliées, extrêmement hautes, et disposées de manière qu'elles ménagent un très grand jour dans toute l'église. C'est un des beaux ouvrages d'architecture gothique qui se puissent voir. Le chœur a 20 toises de long sur 10 de large. On est persuadé à Meaux que la reine Jeanne de Navarre, épouse de Philippe-le-Bel, fit faire à ses dépens de grands travaux dans cette église, et l'on assure que c'est la tête de cette princesse qui parait en bosse avec une couronne de comte sur la principale clef de la voûte du chœur. Les orgues ont été faites et posées en 1627 par Valeran de Heman, le plus habile facteur de son temps.

Tout l'ensemble de la cathédrale, qui est sous le vocable de saint Etienne, a je ne sais quoi qui plait et qui enchante; la nef, le chœur et les bas-côtés, tout en est riant et supérieurement éclairé. Les grilles, qui ne sont pas hautes, laissent voir le chœur à découvert : elles sont parfaitement bien dorées. Le chœur est orné de superbes tableaux à deux faces. Les stalles prêchent une noble et belle simplicité. La première à droite du côté de l'autel, surmontée d'un petit trône, appartient à l'évêque quand il assiste à l'office comme simple chanoine; mais quand il officie pontificalement on lui dresse un trône auprès des marches de l'autel. C'est dans cette place qu'a été enterré le grand Bossuet, que nommer c'est faire connaitre. On a transporté dans la suite sa tombe derrière le maître-autel (1); on y lit cette inscription :

---

(1) Aujourd'hui la pierre tombale recouvre le caveau funéraire de Bossuet.

Hic quiescit, resurrectionem expectans, Jacobus Benignus Bossuet.... Obiit anno Domini 1704, die 12ª aprilis, annos natus 76 et dies XVI, virtutibus, verbo, ac doctrinâ claruit in Episcopatu annos XXXIV, è quibus Meldis sedit XXII.

Jacobus Benignus Bossuet, abbas Sancti Luciani Bellovacensis, et archidiaconus Meldensis, patruo colendissimo lugens posuit (1).

Ce peu de mots en disent assez pour un homme au-dessus de tout éloge ; néanmoins je reviendrai sur lui avant de quitter Meaux. C'est par respect pour ce grand évêque qu'on conserve dans la nef une mauvaise chaire où il a tant de fois prêché.

Le maitre-autel, qu'on a renouvelé en 1723, n'a rien que de fort simple, mais il n'en est que plus majestueux. Le marbre qui le compose est un marbre brut tel qu'il est sorti de la carrière, avec des veines bleues et blanches. Une table d'autre marbre recouvre l'autel, sur lequel on ne laisse jamais de nappes, une fois la messe dite, à cause de l'humidité. Six grands chandeliers et

(1) Cette épitaphe est ici incomplète. Elle est rapportée exactement par Mgr Allou, dans sa *Notice sur la Cathédrale de Meaux* et dans sa *Chronique des évêques.*

une belle croix de cuivre font tout l'ornement de l'autel. M. le cardinal de Bissy, évêque de Meaux, se proposait de les faire dorer d'or moulu, moyennant d'y faire mettre ses armes; mais le chapitre a mieux aimé conserver ses chandeliers de cuivre que de souscrire à cette orgueilleuse prétention. Au-dessus du maitre-autel est la suspense du Saint-Sacrement. Une galerie superbe règne autour de l'église ; mais quelque hardi qu'on soit, on ne s'y promène pas sans un léger tremblement. Pour attester à la postérité que le siège de Meaux a été honoré de la pourpre, M. de Bissy a fait attacher à la voûte son chapeau de cardinal.

La chapelle de la Vierge qui se trouve au fond de l'église est magnifiquement ornée ; le tableau de l'autel est une belle Annonciation, copiée d'après un original de Stella, peintre fameux (1). Il y a une lampe d'argent devant cette chapelle.

La chapelle de Saint-Pierre est remarquable par ses peintures, qui sont de bon goût, et par la pyramide qui renferme le cœur de M. de Vitry, gouverneur de Meaux, mort à Londres.

(1) Ce tableau, depuis quelques années, fait partie de la collection de M. Amédée Dassy, de Meaux.

Voici les vers latins qui accompagnent ce monument : (1)

Exiguum cor mole suâ virtutibus ingens
Quod procul a reliquo corpore condat humus,
Ne mirere : loco plus Vitrius occupat uno
Una nec est tanti nominis urna capax.

Les autres chapelles ne demandent qu'un coup d'œil très rapide. A côté des orgues sont les drapeaux des arbalétriers, qui ont une chapelle dans la cathédrale pour solenniser leur patron. Au bas de la nef sont les fonts baptismaux : c'est là que, pour marque de subordination à la première église du diocèse, tous les curés de la ville sont tenus de baptiser depuis le Samedi-Saint inclusivement jusqu'au samedi veille de Quasimodo, et depuis la veille de la Pentecôte jusqu'au samedi suivant ; pendant ce temps-là les fonts particuliers des paroisses sont fermés.

Saint Fiacre, qui est regardé comme le patron et l'ange tutélaire de la Brie, jouit de la plus grande vénération dans l'Eglise de Meaux. Son

(1) Ce monument de la chapelle Saint-Pierre (aujourd'hui de Saint-Fiacre), à la mémoire de Louis de Lhospital-Vitry, était enlevé dès 1722 ; l'inscription seule a été conservée.

culte, établi depuis onze cents ans, est l'objet d'un des plus célèbres pèlerinages du monde chrétien (1). La reine Anne d'Autriche attribua toujours à la protection de saint Fiacre la guérison de la maladie dont Louis XIII avait été frappé à Lyon. La reine vint elle-même à pied en 1641 de Montceaux jusqu'à Saint-Fiacre, pour rendre ses actions de grâces au saint patron de la Brie. Lorsqu'on fut sur le point de faire la grande opération à Louis XIV, M. Bossuet vint à Saint-Fiacre prier Dieu pour la guérison du prince. On rapporte que Henri V, roi d'Angleterre, attaqué du mal Saint-Fiacre (qui est une excroissance de chair qui survient autour du fondement et des parties honteuses), après avoir ravagé dans la Brie les terres du saint, dont la nation était alors unie avec la France contre lui, dit en mourant qu'il fallait que les Ecossais fussent animés d'une bien forte haine contre les Anglais, puisque, non contents de leur faire la guerre à outrance sur la terre, ils la leur faisaient encore si cruellement du haut du ciel.

Les marches qui conduisent à la tour sont extrêmement hautes. L'escalier, au lieu de rampe,

(1) Au village de Saint-Fiacre, à 2 lieues de Meaux.

présente des pierres torses dans toute la hauteur; c'est vraiment un travail admirable. On fait monter à onze mille francs l'entretien annuel de la tour.

Trésor de la Cathédrale. — Les marguilliers-sacristains vous montrent avec emphase des plats et aiguières d'argent aux armes de Bissy et Séguier, évêques de Meaux, ainsi que leurs mitres; les calices sont très ordinaires. On voit avec plaisir une grande croix de vermeil chargée d'un travail infini. Les ornements ne sont pas merveilleux; ce n'est point une église étoffée comme on en voit tant. Le prêtre, assisté du diacre et sous-diacre, acquitte chaque jour une fondation en allant à l'autel, qui rapporte beaucoup : elle consiste à dire un *Requiescat in pace* à l'endroit de la sacristie où l'on s'habille. Si le trésor de Meaux n'est pas richement monté en argenterie et en ornements, il peut se flatter en revanche de réunir une nombreuse collection de reliques ; par exemple :

L'os de la cuisse de saint Saintin.

Un os de saint Faron.

Un ossement de saint Hildevert.

Le chef de saint Gilbert.

Un ossement de sainte Fare.

Sainte Thècle, vierge et martyre.
Saint Maurice et ses compagnons.
Saint Louis, roi de France.
La chemise de saint Philippe de Nérée.
Le suaire de N. S.
La chemise de saint Charles Borromée.
Le roseau de N. S.
Des reliques des onze mille Vierges.
La ceinture de saint Roch.
L'habit du roi saint Louis.
Saint François de Paule.
Le manteau de N. S.
La chausse de saint Charles.
Poudre de la relique de saint Maurice.
Saint Vincent et une quarantaine d'autres saints dont le détail surchargerait ma narration.

Chapitre de Meaux. — L'évêque de Meaux n'a aucun titre d'honneur temporel attaché à sa dignité épiscopale. Anciennement il avait droit d'être reçu et de pouvoir se retirer avec sept personnes de sa suite dans le château de Dammartin, lorsque les contestations, qui étaient fréquentes entre les évêques de Meaux et les comtes de Champagne, lui faisaient craindre de n'être point en sûreté à Meaux. Un droit plus considérable dont il jouissait alors était celui de battre monnaie, et il avait cela de commun avec d'autres prélats du royaume ; mais dès l'an 1308, Philippe-le-Bel suspendit la fabrication de toutes les monnaies particulières dans ses Etats ; depuis ce temps la monnaie de Meaux n'a presque plus été en usage.

L'évêque jouit des droits seigneuriaux sur les principales terres de son diocèse qui lui doivent hommage. Il s'est aussi conservé dans la possession de recevoir à l'offrande de la grand'messe, le jour de saint Etienne d'hiver, des cierges présentés par le procureur du roi, au nom de Sa Majesté, en qualité de comte de Meaux. Voici de quelle manière cette cérémonie se pratique : Pendant la célébration de la messe, on apporte dans le chœur trois grands cierges du poids de deux livres chacun, l'un garni d'un écusson des armes du roi, et les deux autres sans armoiries. A l'offertoire l'évêque va s'asseoir au milieu de l'autel : alors le verger ou l'appariteur de l'évêque appelle par trois fois à haute voix : Notre Sire le roi, et le procureur du roi prend le cierge où sont les armes de S. M., s'approche de l'évêque, baise son anneau et offre ensuite son cierge. Cette première offrande finie, le verger appelle par trois fois le vicomte de Meaux et le vidame de Trilbardou l'un après l'autre, et leurs officiers vont offrir leurs cierges *ut supra*. Celui du roi se paye au trésorier de la cathédrale, qui est obligé de le fournir sur la ferme des amendes qui dépendent du domaine de Meaux.

Lorsque l'évêque de Meaux doit prendre possession par lui-même et faire son entrée solennelle dans la ville, il va coucher la veille, selon l'ancien usage, au prieuré de Saint-Père hors le marché. Le jour même tout le clergé séculier et régulier vient au-devant de lui processionnellement et il est porté par les vassaux de l'Eglise de Meaux depuis la porte de la ville jusqu'à la cathédrale. Le vicomte de Meaux, un des vassaux, prétend en récompense avoir droit sur toute la vaisselle d'or et d'argent qui a été employée ce jour-là au repas de l'évêque ; il prétend également que tout le linge dont le prélat s'est servi à table lui appartient, aussi bien que son principal anneau, la chaise dans laquelle il est porté, le drap d'or dont cette chaise doit être couverte et quelques autres meubles de cette nature.

L'évêque de Meaux confère de plein droit tous les canonicats et semi-prébendes, et nomme à toutes les dignités de sa cathédrale, excepté le décanat. Il jouit d'une prébende comme les autres chanoines par concession à lui faite en 1383 en dédommagement de l'abandon qu'il fit au chapitre de la juridiction quasi-épiscopale. Le pape Clément VII déclara par une bulle en forme qu'il exemptait de son propre mouvement le chapitre de Meaux de la juridiction de l'évêque et du métropolitain. Dans cette exemption furent compris tous ceux qui possédaient dans la cathédrale des dignités, des bénéfices ou des emplois de quelque genre qu'ils fussent; il n'y a pas jusqu'aux domestiques qui ne dussent participer au privilège de leurs maîtres et relever eux-mêmes immédiatement du Saint-Siège.

Le chapitre exerce sa juridiction, outre les suppôts, sur neuf paroisses de la campagne, qu'on appelle pour ce sujet les neuf filles du chapitre (1). Ces mêmes cures sont à la collation pleine du chapitre, c'est-à-dire que lorsque les chanoines les confèrent, ils ne présentent point le nouvel élu à l'évêque pour en recevoir l'institution ou le *cura animarum*. Tous les chanoines, même les semi-prébendés, ont voix au chapitre,

---

(1) Armentières, Barcy, Boutigny, Changis, Crégy, Fublaines, Gesvres-le-Chapitre, Marcilly et Ségy.

pourvu toutefois, qu'ils soient sous-diacres. Il était d'usage autrefois qu'il y eût sept diacres parmi les chanoines, tant en mémoire de ceux de l'Eglise naissante que de saint Etienne, patron de la cathédrale ; mais depuis longtemps cette loi est tombée en désuétude. Plusieurs chanoines de Meaux ont été élevés à l'épiscopat, comme Guillaume *aux blanches mains,* fait archevêque de Reims et cardinal ; Michel de Corbeil, archevêque de Sens et patriarche de Jérusalem ; Milon de Dormans, évêque de Bayonne, d'Angers et de Beauvais ; Jean Milet, évêque de Soissons ; Clairembaud, archevêque de Tyr ; Guillaume du Vair, évêque de Lisieux et garde des sceaux de France ; Arnold Sabbatier, fait évêque de Bologne en Italie et de Riez en Provence ; le doyen Onuphre Tréban, archevêque de Salerne en 1313.

Le doyen est électif par le chapitre et confirmatif par le pape. Il jouit d'une double prébende ; il est le curé né des chanoines et bénéficiers de la cathédrale. Il a le droit de faire des règlements de police et de discipline dans la collégiale de Crécy, dont les prébendes sont à sa nomination (1).

(1) Le doyen de la cathédrale nommait seulement à la

L'archidiacre de France est quelquefois appelé grand archidiacre; il est tenu de faire diacre quand l'évêque officie et l'archidiacre de Brie fait sous-diacre.

Le chantre est obligé d'assister à toutes les heures; c'est lui qui fait le billet de cérémonie pour chaque semaine : il a double prébende pour sa peine.

Le trésorier jouit également de deux prébendes. Il a droit sur toutes les offrandes. Sa juridiction s'étend sur les trois marguilliers de l'église. Il est chargé du luminaire du chœur depuis le 8 septembre jusqu'à la Purification ; il doit aussi entretenir deux lampes dans l'église. Outre cela il est chargé des cordes, des cloches, du blanchissage du linge et de faire nettoyer l'église à fond une fois l'année.

Le chancelier règle les leçons qui se disent dans le chœur; il y a certains jours marqués où il en lit quelques-unes en personne. Il a inspection sur les enfants de chœur et sur toutes les écoles de la ville. On a attaché quelques revenus à cette dignité.

cure de Crécy et à un canonicat sur quatre ; le seigneur de Crécy avait le droit de nommer les deux autres chanoines.

L'Eglise de Meaux est composée de trente-huit canonicats effectifs, dont huit ne jouissent que d'une semi-prébende. Parmi les chanoines il se trouve un Genovéfain de l'abbaye de Chaâge, qui demeure toujours le dernier chanoine. Ce sont les grands chapelains qui font les honneurs de la célèbre confrérie de Saint-Fiacre. Il y a vingt-cinq petits chapelains (1), des vicaires de chœur, un bon nombre de chantres et huit enfants de chœur.

Au commencement du xie siècle les biens de la cathédrale furent séparés en deux parts, l'une réservée à l'évêque et l'autre affectée aux chanoines ; ce furent ceux-ci qui demandèrent eux-mêmes le partage. L'Eglise de Paris leur avait déjà montré l'exemple d'un pareil démembrement.

L'usage est de toucher une année d'avance de son revenu. On en use ainsi à l'égard des nouveaux chanoines, qui reçoivent en entrant leur revenu d'avance pour le reste de l'année depuis le jour qu'ils sont reçus, sans être obligés au stage, qui n'a pas lieu dans cette église.

Le gros est dû indépendamment de toute rési-

(1) Il n'y avait que 21 titres de petits chapelains.

dence, en assistant seulement à l'eau bénite du Samedi-Saint. Cette partie ne se paye point d'avance ; au contraire, la deuxième année en est due à l'abbaye de Chaâge, comme le vacant de Champeaux appartient à Saint-Victor de Paris.

Il faut assister pendant neuf mois à trois grands offices par jour; en sorte qu'on peut manquer, sans rien perdre, trois mois ou 270 grands offices. Ceux qui ont manqué d'assister à un plus grand nombre sont obligés, à la fin de l'année, de rapporter le tiers pour chaque jour, à l'exception du gros, pour lequel on n'est jamais pointé. Les droits seigneuriaux sont dus aux absents comme aux présents. L'évêque fournit seul le luminaire du chœur et l'encens depuis la Purification jusqu'au 8 septembre.

Amaury, d'archidiacre de Meaux en étant devenu évêque en 1221, fut insulté dans la personne de ses officiers. On ignore la cause et les auteurs de l'outrage, mais Amaury, pour venger cet affront, fit cesser les orgues dans sa cathédrale et dans toutes les églises de son diocèse.

Un abus s'était glissé au jour des SS. Innocents : les enfants de chœur entraient dans l'église comme en triomphe avec des bouquets à la main et se plaçaient dans les hautes chaires ; rien n'était plus opposé à la majesté de l'office divin. Le légat, en faisant la visite de Meaux en 1246, ordonna que cette fête se célébrerait dorénavant à Meaux comme dans les autres églises du royaume.

La populace de cette ville, en 1267, sans respect pour le sacerdoce ni même pour le lieu saint, n'avait point honte d'aller faire ses ordures aux portes des chanoines et jusque sous les murs de la cathédrale. Ceux-ci prirent la résolution de fermer de murs et l'église et leurs maisons claustrales pour se mettre à l'abri de pareilles insultes ; mais les magistrats s'y opposaient avec opiniâtreté, et ce que les chanoines bâtissaient de jour, les habitants l'abattaient de nuit. Ils eurent donc recours au pape, qui ordonna, sous peine de censures ecclésiastiques, de faire cesser ce scandale. Comme si un simple commissaire de police n'eût pas suffi pour arrêter cette insolence.

On avait coutume, en temps de guerre, de placer un guet ou une sentinelle au haut de la cathédrale, de peur de surprise. Les chanoines y étaient obligés par d'anciens règlements, et la dépense retombait tout entière sur eux et sur les curés de la ville ; comme ils en souffraient, ils s'efforcèrent en vain d'y faire contribuer l'évêque. Après cela, ils s'attaquèrent aux autres communautés ecclésiastiques, mais cette seconde tentative ne leur réussit pas mieux que la première. La sentence en faveur des communautés est du mois de mai 1385.

Les chanoines de la cathédrale portaient des habits courts et de grandes moustaches ; c'était se conformer aux usages du monde. L'évêque, en 1634, fit des règlements pour les rapprocher de la bienséance cléricale dont quelques chanoines ne tinrent aucun compte ; mais, l'année suivante, il les interdit de la communion pascale jusqu'à ce qu'ils se fussent rangés à leur devoir.

Le doyen et les dignitaires affectaient, depuis plusieurs années, de porter des soutanes violettes dans les cérémonies, au lieu de noires dont ils avaient été revêtus de toute antiquité. M. Bossuet obtint une lettre de cachet (1) qui lui donnait pouvoir de rétablir l'usage des robes noires pour les dignitaires comme pour les autres chanoines.

M. Séguier est le premier évêque de France qui ait établi dans son diocèse des conférences

(1) En 1695.

ecclésiastiques pour l'instruction des prêtres (1). Ces conférences furent érigées depuis, à l'exemple du diocèse de Meaux, dans toutes les Eglises du royaume.

Il est indubitable que, de ~~tous les évêques~~ de Meaux, c'est M. Bossuet qui a fait le plus d'honneur à ce siège. Admis, contre les règles ordinaires, dans la Société de Navarre avant d'être bachelier, il soutint sa tentative avec éclat le 25 janvier 1648 en présence du grand Condé, le héros du siècle, à qui il l'avait dédiée. Comme il soutenait sa sorbonique, l'abbé Chamillard, prieur de Sorbonne, rompit l'acte. On porta la thèse aux Jacobins. Procès à la grand'chambre contre la sorbonique. M. Bossuet plaida lui-même sa cause en latin. Les juges, charmés de son éloquence, opinèrent pour lui. Omer Talon, avocat général, conclut aussi en sa faveur, et le grand Molé, premier président, fit son éloge en prononçant l'arrêt par lequel l'acte soutenu aux Jacobins fut déclaré sorbonique. Cet arrêt est du 26 avril 1651.

M. Bossuet se fit bientôt connaitre par ses prédications. On admira surtout son sermon de l'assemblée du clergé tenue en 1682; il n'y a rien de

(1) En 1652.

plus fort pour l'érudition et pour l'éloquence. Tout le monde connait ses panégyriques et ses oraisons funèbres. On voulut le faire curé de Saint-Eustache et de Saint-Sulpice, et comme on le jugeait capable de tout, on lui souhaitait toutes les places. Il fut fait évêque de Condom en 1669 ; il se déchargea peu après de ce fardeau pour se livrer tout entier à l'éducation de M. le Dauphin. Ce fut alors qu'il composa son *Discours sur l'histoire universelle* et son *Traité de politique*, le plus grand et le plus profond ouvrage qu'on ait jamais vu en ce genre. Le *Traité de l'exposition de la foi* vit accourir les hérétiques en foule au pied des autels pour abjurer leurs erreurs et se réconcilier avec l'Eglise. Après dix ans de soins auprès de son auguste élève, il fut nommé, en 1681, à l'évêché de Meaux ; peu de temps après, il fut honoré de la charge de premier aumônier de Mme la Dauphine. Il devint ensuite conseiller d'Etat, premier aumônier de Mme la duchesse de Bourgogne et supérieur du collège de Navarre. Il publia son *Traité de la communion sous les deux espèces*, son *Histoire des variations* et ses *Cinq avertissements* contre le ministre Jurieu. Ses autres ouvrages sont des conférences avec le ministre Claude, une lettre pastorale aux nouveaux convertis de son diocèse, une *Explication des prières de la messe,* un *Traité de controverse sur l'adoration de la croix,* plusieurs instructions pastorales. Le nombre de ceux qui firent abjuration sous son pontificat est prodigieux, le nombre de ses autres ouvrages ne l'est pas moins. Sans les torts contre l'illustre Fénelon, dont on ne peut guère le disculper, il aurait été parfait. M. Bossuet mourut à Paris de la pierre et son corps fut rapporté à Meaux. Ainsi finit ce grand évêque, qui n'employait pas le langage de l'homme; c'était un torrent qui forçait les digues qu'on lui opposait; c'était un feu qui pénétrait, qui consumait; c'était une voix terrible dont les éclats portaient partout le saisissement et l'épouvante. Nouveau Samson, il saisit les colonnes du temple de l'erreur et il les ébranla avec cette intrépidité qui fit jeter à l'hérésie, dans sa fureur et son désespoir, les rugissements du lion qui expire. Sous ses coups on vit le fanatisme s'abattre, les sectes se détruire, les passions se taire et les préjugés se dissiper. On a placé depuis quelques années la statue de Bossuet dans le salon du Louvre avec celles des grands hommes.

L'Évêché. — Autant je me suis étendu sur la cathédrale, autant j'ai peu à dire sur ce palais, qui n'est à le bien prendre qu'une antiquaille. La seule chose qu'on admire, et qu'on ne voit nulle part, c'est l'escalier qu'a fait faire Guillaume Briçonnet, évêque de Meaux, mort en 1534. Cet escalier est une pente douce sans marches par laquelle on monte du rez-de-chaussée aux appartements et jusqu'à l'entablement. Les murs qui soutiennent cette lourde masse sont d'une épaisseur extraordinaire. Le talus en est tellement ménagé qu'on y pourrait monter en voiture. Ce même évêque a fait de grands travaux à ce palais, preuve évidente que le goût n'en doit plus être moderne. Dans la chambre d'assemblée, on remarque une collection de portraits des évêques de Meaux, parmi lesquels Bossuet se trouve peint au naturel. La chambre à coucher du prélat est tendue d'un meuble magnifique qui a appartenu à la marquise de Pompadour ; ce n'est plus là la simplicité évangélique. Il règne le long de la façade sur le jardin une superbe galerie en pierre avec des balcons, qui permet à deux ou trois personnes de front de s'y promener. La chapelle est assez maussade. Le jardin est fort bien ordonné ; ce qui le relève encore, c'est une terrasse élevée sur les fossés de la ville ; les eaux du bassin y sont amenées du dehors par le moyen d'un conduit pratiqué sur ces mêmes fossés. On se fait un plaisir de vous mener à l'un des bouts du jardin pour voir le petit ermitage dans lequel l'immortel Bossuet a consacré tant de veilles. L'endroit ne saurait être plus propice pour un homme d'étude : c'est bien là qu'on peut dire être dans la ville sans y être. On a conservé, par respect pour ce prélat, l'appartement tel qu'il l'a occupé : des livres, une table et des chaises, voilà tout son ameublement. Le cardinal de Bissy donna dans son palais des fêtes brillantes à la reine lors de son passage à Meaux. M. de Polignac, aujourd'hui évêque de Meaux, avait conçu le dessein de faire jeter bas l'escalier et toute la devanture de l'évêché, qui ressemble à une prison ; mais on l'en détourna à cause de l'antiquité et de la rareté de l'ouvrage. Dans la cour du Chapitre, attenant au palais épiscopal, on voit encore le réfectoire dont on se servait dans le temps que les chanoines vivaient en communauté. L'évêché de Meaux sera toujours infiniment courtisé à cause de sa proximité de la capitale, et qu'il est en outre un de ceux qu'on appelle de faveur.

Saint Saintin. — Ce saint est mis par les historiens à la tête de ceux qui ont gouverné l'Eglise particulière de Meaux. La chapelle qui fut élevée sur son tombeau d'oratoire de dévotion est devenue église collégiale et paroissiale, composée de douze prébendes, toutes à la nomination et juridiction spirituelle du Chapitre de Meaux. Une de ces prébendes est attachée à la cure; celui qui en est pourvu est soumis comme chanoine au chapitre, et à l'évêque comme curé. En cette dernière qualité il n'exerce aucune juridiction dans le chœur de Saint-Saintin, et n'a droit de dire la messe paroissiale qu'à son tour de semaine. Aux enterrements, lorsque son chapitre y assiste, il ne prend l'étole que *præsente corpore*, la quitte avant d'entrer au chœur et ne la reprend que pour aller faire les encensements ordinaires et l'inhumation. On ne chante jamais de messe haute aux enterrements, que le chapitre ne soit présent. Le curé a seul droit de prêcher ou de nommer un prédicateur, le jour du patron ou de toute autre fête. Le doyen des chanoines administre ses confrères et le curé lui-même, dans quelque paroisse de la ville qu'ils soient. Ce sont les chanoines qui vont lever le corps du défunt et qui l'apportent à Saint-Saintin pour l'y enterrer. Aux processions générales, le clergé de Saint-Saintin marche sous la croix de la cathédrale après les chantres et avec les petits chapelains. Ces chanoines chantaient, au xvii° siècle, une messe propre de leur patron où il se trouvait bien des choses à redire : par une délibération capitulaire, il leur fut défendu de s'en servir à l'avenir. L'église de Saint-Saintin est si désagréable qu'on n'y a pas plus tôt posé le pied qu'on grille d'en sortir (1).

Saint-Faron. — Cette célèbre abbaye, qui subsiste depuis plus de cent quarante ans avec édification sous la réforme de la congrégation de Saint-Maur, est située dans un des faubourgs de la ville. Elle doit sa fondation au saint évêque de Meaux dont elle porte le nom, qui vivait dans le vii° siècle. Il était frère de sainte Faro, regardée comme fondatrice de l'église royale de Champeaux-en-Brie (2).

Le portail de l'église fait naître, avant que d'y entrer, une majestueuse idée de ce temple. Le maître-autel, qui est à la romaine, est revêtu du marbre le plus fin. Les grilles, les stalles, le chœur, la nef, tout en est grand, tout en est

---

(1) Elle a disparu après la révolution.

(2) Sainte Fare a fondé aussi la célèbre abbaye de bénédictines de Faremoutiers vers l'an 615.

beau, tout en est magnifique. Le tombeau qui est adossé à la croisée a besoin d'explication ; voici le fait : Le fameux Oger, guerrier intrépide du temps de Charlemagne, après une carrière glorieuse dans les armes, résolut de sacrifier toute la gloire dont il était couvert à l'obscurité du cloître. Avant de se fixer dans un monastère, il voulut en parcourir plusieurs en habit inconnu, afin de s'assurer par lui-même de celui où la règle serait mieux observée. Etant venu à Meaux il entra, déguisé en pèlerin, dans le chœur de Saint-Faron, pendant que les religieux chantaient l'office. Il tenait à la main un bâton chargé de grelots qu'il jeta au milieu du chœur sans que pas un des religieux osât détourner la vue : seul un enfant élevé dans le monastère leva les yeux et en fut puni sur le champ par le père maitre. Cet exemple de modestie charma Oger; il en fut frappé et demanda à Charlemagne la permission de se retirer dans cette maison. Il y appela un de ses amis intimes, nommé Benoit, qui vécut et mourut, ainsi qu'Oger, comme un saint ; ils furent ensevelis dans le même tombeau. Leur mausolée, quoique maltraité par les calvinistes, passe encore pour un des plus beaux ouvrages de ce temps-là. Oger y est représenté avec ses grelots ; on voit son ami Benoit, le novice châtié par le père maître, un religieux qui porte plume et encre pour l'acte de profession, un autre moine qui apporte les habits de religion, un troisième qui porte des ciseaux pour la tonsure, enfin saint Faron avec sa crosse prêt à recevoir la profession des deux postulants. On a peint sur le mur l'épée et l'espadon d'Oger, deux pièces qu'on conserve dans le trésor de l'abbaye, avec leurs ossements : il fallait que ce fussent des géants, car un des os de la cuisse qui est dans son entier a un pied et demi de longueur, et le crâne quatre pouces d'épaisseur.

On remarque sur de vieilles tombes, dans l'église, des diaconesses avec leur manipule, qui exerçaient alors auprès des pauvres le même office que nos filles de Saint-Vincent de Paul font aujourd'hui.

La sacristie de Saint-Faron l'emporte, en ornements, de cent piques au-dessus de la cathédrale. Le plus riche est celui dont les orfrois sont relevés en bosse d'or et dont le fond de l'étoffe avait servi au cabinet de Mme de Maintenon. Un homme qui a une de ces chapes sur le dos, fût-il robuste et vigoureux, en a toute sa charge. Il y a des orfrois en médaillons au petit point qui sont de toute beauté. Les ornements de la cathédrale sont vraiment mesquins en comparaison de ceux-ci. Celui qui est le plus passable à Saint-Etienne a été donné par le cardinal de Bissy ; encore n'y est-il qu'à cause du refus que les religieux de Saint-Germain-des-Prés firent à leur abbé de signer la constitution ; sans cela cet ornement ne serait point à la cathédrale de Meaux. Enfin on ne peut qu'être enchanté du bon goût, de la richesse et de la quantité de ceux de Saint-Faron.

Le trésor renferme les châsses en argent de saint Faron, de saint Léger, de saint Fiacre, de saint Benoit, de sainte Fare et de plusieurs autres saints ; le soleil est enrichi d'un cordon de pierreries qui jettent un grand éclat. Ces richesses ne sont qu'un faible échantillon du trésor qu'on voyait avant le pillage des huguenots dont nous parlerons plus bas.

Si de l'église on passe dans la maison, combien ne sera-t-on pas émerveillé de la beauté de ses bâtiments et de la grandeur du terrain qu'elle occupe. Plus de 40 arpents composent le domaine monacal. Un superbe canal, des prairies charmantes, des promenades variées à l'infini, partagent ce beau local : un excellent air et une vue agréable s'y prêtent mutuellement la main. Ce serait, en vérité, dommage que le religieux qui l'habite ne s'y plût pas. Je crois que Saint-Faron est une maison sinon de noviciat, au moins d'étude.

L'abbatiale qui y est contiguë est une très honnête résidence et un bon morceau ecclésiastique ; ce n'est pas priser trop haut le lot de l'abbé que de le porter à quarante mille francs (1). M. de Bissy était abbé de Saint-Faron dans le même temps que son frère le cardinal était évêque de Meaux. On ne pouvait pas sans doute mettre deux frères plus à côté l'un de l'autre. Ce n'est point une petite gloire pour l'abbaye de Saint-Faron d'avoir donné consécutivement deux évêques à l'Eglise de Meaux. Cette maison s'est toujours maintenue dans une grande ferveur ; elle s'est toujours distinguée par sa régularité de beaucoup d'autres monastères où le relâchement s'est introduit. Ce fut à Saint-Faron que saint Wilfrid, archevêque d'Yorck, retournant de Rome en Angleterre au VIIIe siècle et étant tombé malade en chemin, se fit transporter. La bonne odeur de ce monastère engagea le roi Pépin à en

(1) Le revenu de l'abbé n'était évalué qu'à 18,000 livres.

tirer des religieux pour commencer l'établissement de quelques abbayes.

Anciennement, le chapitre de la cathédrale avait coutume d'aller en corps trois fois l'année à l'abbaye de Saint-Faron. Le 28 octobre, jour du saint, ils assistaient à la grand'messe et à la procession autour du cloitre ; à Pâques fleuries ils venaient faire la bénédiction des rameaux, et le 18 mai, jour de la translation, ils assistaient à la procession générale. Les religieux payaient pour cela une redevance aux chanoines en pain, en vin et en argent. Par la suite des temps, le chapitre se dispensa d'aller aux processions ; les religieux discontinuèrent de leur côté de lui donner le pain et le vin accoutumés : dès lors, procès entre ces deux corps. Le prévôt de Paris, après une fourmilière de chicanes et de contestations, jugea en faveur des religieux en 1506. Los chanoines appelèrent et la sentence fut confirmée par arrêt de 1508. Au mois de mars de l'année suivante, le bailli de Melun décida qu'en l'absence de l'évêque et de l'abbé, c'était à un religieux à faire la bénédiction des rameaux. Ces sortes de démêlés n'ont jamais lieu sans refroidir furieusement la charité, qu'il est si beau de voir régner entre ecclésiastiques.

Notre-Dame de Chaâge est une abbaye de Genovéfains qui tire son nom d'un amphithéâtre destiné pour les spectacles du peuple, dans le temps que la ville était encore plongée dans les ténèbres de l'idolâtrie. Cette abbaye fut fondée au lieu même où l'on conjecture qu'était autrefois la cathédrale. Les chanoines qui la dotèrent voulurent qu'elle jouit d'une prébende dans l'église Saint-Etienne : ils firent plus, ils s'engagèrent de payer aux chanoines réguliers les annates de leurs propres prébendes, à mesure qu'elles viendraient à vaquer. Ces annates ont causé dans les siècles suivants bien des disputes entre la mère et la fille; mais, à force de transactions et d'arrêts, on a fixé irrévocablement la somme qu'il fallait donner. Le prébendier de Chaâge, qui avait primitivement un revenu égal aux autres chanoines et qui siégeait au chœur après les dignitaires, a perdu par des procès ce double avantage : sa prébende est toujours moins forte que celle des autres, et sa place au chœur est la dernière des hautes stalles.

Cette abbaye est aujourd'hui une des plus belles paroisses de Meaux; le prieur en est toujours curé; il a quatre ou cinq de ses confrères pour l'aider à porter la charge pastorale. C'est toujours de cette maison qu'est tiré, comme je l'ai dit plus haut, le prieur-curé de Fontenay. L'église de Chaâge est très belle.

Outre cette paroisse, il y en a encore six autres qui sont : Saint-Nicolas, dans le faubourg, la plus nombreuse et une des plus mal composées, Saint-Christophe, Saint-Remi, Saint-Saintin, Saint-Thibaut et Saint-Martin (1).

Hôpitaux. — L'origine de l'hôtel-Dieu de Meaux remonte jusqu'aux temps les plus reculés. Thibaut VI, comte de Champagne et roi de Navarre, abandonna cette maison aux religieux trinitaires pour la desservir. Au commencement du XVI° siècle ils furent accusés d'inconduite et de dissipation de deniers ; on leur retira l'administration de l'hôtel-Dieu et on leur permit néanmoins de se bâtir un couvent qu'ils occupent à présent hors la ville, sur la route de Paris.

Il y avait jadis à Meaux une maladrerie ou léproserie dédiée sous le nom de Saint-Lazare, qu'on unit en 1542 au grand hôtel-Dieu.

L'hôpital général fut établi en 1676 et Louis XIV confirma cet établissement par des lettres pa-

---

(1) De ces six paroisses, celle de Saint-Nicolas a seule survécu à la chute de l'ancien régime.

tentes. Un titre de l'an 1250 comptait vingt léproseries dans le diocèse de Meaux ; la plupart furent unies par Louis XIV, en 1672, à l'ordre de Saint-Lazare, mais elles en furent détachées depuis au profit des hôpitaux.

L'hôpital Jean-Rose a été fondé en 1356 par un habitant aisé de Meaux, pour vingt-cinq aveugles et dix pauvres enfants. M. Séguier, évêque de Meaux, établit son séminaire dans cette maison, ainsi qu'un collège dont il confia la direction à des séculiers. M. de Ligny, successeur de M. Séguier, transporta en 1661 aux chanoines réguliers de Sainte-Geneviève le gouvernement de cette maison, dont ils demeurèrent paisibles possesseurs jusqu'en 1723 que M. de Bissy les remercia. Cette Eminence appela un détachement de Spiritains pour régir le séminaire. Elle voulut encore que, selon l'esprit de la fondation, on accueillît les pauvres et qu'on donnât la passade aux étrangers. Mais il est bon de dire un mot de MM. les Spiritains.

Le séminaire du Saint-Esprit fut établi en 1703 à Paris pour l'éducation des pauvres ecclésiastiques de France et autres pays, afin d'être employés dans les postes les plus laborieux. Les missions étrangères en ont tiré nombre de vicaires apostoliques et de missionnaires employés dans la Chine, la Cochinchine et le Tonkin. C'est de cette maison que le ministère a fait partir la plupart des prêtres séculiers pour le Canada et l'Acadie. Les directeurs de ce séminaire forment une espèce d'association séculière dans le genre des Nicolaistes et des Sulpiciens. Ils empruntent pour devise ces paroles : *Pauperes evangelisantur ad revelationem gentium et gloriam plebis.* Je ne crois pas que les Spiritains aient plus de deux maisons en France, celle de Paris et celle de Meaux. Pour en revenir donc au séminaire, on ne peut rien désirer de plus spacieux et de plus régulier ; on lit ce vers au-dessus d'un cadran sur les classes :

Lenta fluit pigris, præceps operantibus hora.

L'abbaye de **Notre-Dame,** située sur la paroisse Saint-Martin, est composée de chanoinesses régulières ; voilà tout ce que j'en sais (1). Il y a à Meaux des religieuses hospitalières, des filles de Sainte-Marie, des Ursulines, des Sœurs de cha-

(1) Cette abbaye, fondée en 1234 à Ormont, en Champagne, avait été transférée à Meaux en 1629, où elle occupait l'emplacement actuel du quartier de cavalerie.

rité, des Cordeliers, des Capucins, des Trinitaires et des Frères aux petites écoles.

Les Carmes déchaux ont, à une demi-lieue de la ville, une fort jolie maison sur la hauteur (1), avec de magnifiques terrasses.

La maison de campagne des évêques de Meaux s'appelle **Germigny**; elle est à une lieue et demie au nord-est de Meaux, sur la rive gauche de la Marne. Cette terre appartient de toute antiquité aux évêques. Le prédécesseur de Bossuet y a bâti un palais où il ne manque presque rien de ce que l'art et la nature peuvent enfanter de plus beau. On raconte qu'il y a dépensé plus de cinquante mille écus de ce temps-là. Pour donner à ce palais toute la grâce et l'étendue possibles, il fit abattre l'église de la paroisse, placée dans la cour du château, et la rebâtit dans un lieu plus commode.

Les chevaliers de l'arquebuse ont un très bel hôtel à la porte de Paris. Cette compagnie jouit d'une grande considération dans la ville ; ses cérémonies d'éclat se font toutes à la cathédrale.

Meaux porte encore l'empreinte de fortifica-

---

(1) A Crégy.

tions. Il a six à sept portes d'entrée, dont la plus belle est celle qui mène à Strasbourg. Elle fut édifiée sous le roi Louis XV en 1736, dans le goût le plus moderne. Sur la face qui regarde la ville on lit ces deux vers :

> *Henricum prima agnovi regemque recepi,*
> *Est mihi nunc eadem quæ fuit illa fides.*

Au milieu du Marché est une grande halle au blé, de laquelle denrée il se fait un gros commerce à Meaux. On y montre par curiosité de grosses bombes envoyées autrefois par les Anglais. La partie de Meaux du côté du Marché n'est pas aussi vivante que l'autre. On voit quantité de rues fort belles, beaucoup de jolies maisons, une population assez nombreuse pour le volume de la ville, force gens aisés et sur le bon ton. Les équipages n'y sont pas de mise. Je ne connais pas de ville où le passage de voitures en tout genre soit aussi fréquent qu'à Meaux. Deux cornes d'abondance pour cette ville, après le blé, ce sont ses fromages de Brie et son excellente moutarde. Meaux ne manque d'aucune ressource pour la partie animale.

Les promenades de la ville, qui sont fort multipliées, sont toutes agréables, surtout celle qui donne le long de la Marne. On travaille continuellement à remplir les fossés de la ville, qui sont à sec, pour ménager le plaisir d'y voir un jour de superbes allées. Tous les jardins au-dessus des remparts sont charmants et peignés avec soin ; il n'est pas possible d'en avoir dans la ville à cause de sa trop étroite enceinte. Le grand pont de bois est remarquable par sa cargaison de moulins. Le quinconce auprès de la porte d'Allemagne fait un fort bel effet.

La position de Meaux est des plus heureuses. Placé au milieu d'une large vallée, une pente douce vous y amène de tous les côtés. Une chaîne de montagnes à une distance éloignée lui sert de boulevard et de point de vue. Le sol circonvoisin est fertile en grains, en vignes et en prairies. Meaux est l'entrepôt des vins de Champagne qu'on fait descendre à Paris soit par la rivière, qui est d'une belle largeur, soit par les voitures de terre.

Cette ville, malheureusement, est la première de France où les protestants commencèrent à avoir un prêche. Cette race hétérodoxe n'est point encore tout à fait éteinte dans ce diocèse. A Quincy, village près de Meaux, le curé n'a qu'un très petit terrain catholique à défricher, le reste est huguenot.

C'est entendu qu'il y a à Meaux un bailliage, un présidial, une prévôté et un grenier à sel. Quant à la maitrise des eaux et forêts, Meaux dépend de Crécy. Les blanchisseries sont très communes autour de la ville.

Les habitants sont honnêtes et affables. On ne sera peut-être pas fâché de savoir pourquoi on leur a donné le sobriquet de *chats de Meaux*. Le voici : un jour qu'on faisait le siège de la ville et que les assiégeants délibéraient dans un conseil de guerre et avisaient aux moyens de la surprendre, des habitants déguisés en peaux de chats allèrent miauler à la porte de la salle où se tenait l'assemblée. Ce miaulement longtemps continué obligea les tenants-conseil à parler plus haut, de manière que nos madrés de chats entendirent toute la délibération et sauvèrent leur ville par ce stratagème.

Le diocèse de Meaux est composé de 239 cures ou paroisses, de 8 abbayes, savoir : Saint-Faron aux Bénédictins; Notre-Dame de Chaâge aux Genovéfains ; Notre-Dame aux chanoinesses régulières ; Rebais aux Bénédictins ; Faremoutiers et Jouarre aux Bénédictines ; Chambrefontaine aux Prémontrés et le Pont-aux-Dames aux religieuses de Citeaux. Les collégiales hors de Meaux sont : Notre-Dame de Dammartin, Saint-Georges de Crécy et Saint-Germain d'Oissery. *Quibus dictis quæstio sit de,* etc.

NOTICE HISTORIQUE SUR LA VILLE DE MEAUX

On doit poser en fait que Meaux tient un rang considérable entre les anciennes villes de France. Si César n'en fait aucune mention dans ses *Commentaires,* c'est peut-être que de son temps les peuples de Meaux faisaient encore partie de ceux de Paris ; mais Strabon, qui vivait peu de temps après César, et après lui Pline et Ptolomée distinguent d'un nom particulier la ville et les peuples de Meaux. Pline est le premier qui leur donne le nom de *liberi,* expression qui marque bien leur indépendance, mais qui, dans le style de cet auteur, donne à connaitre qu'ils n'en avaient pas toujours joui.

On trouve souvent dans le voisinage de Meaux des vestiges d'anciennes habitations ; il y a des caves et des voûtes souterraines ; la terre y est semée de briques et de blocailles. Un jour on découvrit, sous les ruines d'un temple de Mars, la tête d'une statue païenne. Les savants du règne d'Henri I et de Philippe I décidèrent que ce ne pouvait être que celle de Mars lui-même. Voici la peinture qu'on en fit :

*Horrendum caput et tamen hoc horrore decorum
Lumine terrifico, terror et ipse decet* (1).

Le culte de Mars était fort étendu dans les Gaules et dans le diocèse de Meaux en particulier, puisqu'une fontaine qui était dédiée à ce dieu a été changée en abbaye au xii° siècle.

La tradition du pays rapporte que saint Denis, l'apôtre de la France, est venu évangéliser à Meaux et qu'il établit pour premier évêque saint Saintin, son disciple, vers l'an 375.

En 470, sainte Geneviève vient à Meaux, où elle avait du bien et où sa sainteté était en grande réputation ; elle revêtit sainte Céline de l'habit des vierges, et fit plusieurs miracles à Meaux.

Cette ville jouissait de la plus grande considération sous la première race de nos rois. Grégoire de Tours dit que le roi Chilpéric Ier ayant fait emprisonner à Meaux, en 575, la reine Brune-

---

(1) Extrait d'une Epître de Fulcoïus, de Beauvais, poète latin du xi° siècle et sous-diacre de l'Eglise de Meaux.

haut, commanda en outre qu'on y retint ses filles prisonnières.

En 587, traité d'Andelau par lequel la ville de Meaux demeure à Childebert, roi d'Austrasie.

En 660, fondation de l'abbaye de Saint-Faron à Meaux.

En 845, premier concile de Meaux présidé par les archevêques de Sens, de Reims et de Bourges. On y prie le roi de tenir la main aux abus. Saint Bonaventure a pris le change en enseignant que ce fut dans ce concile que le sacrement de confirmation fut institué quant à la forme et à la matière : il n'en est pas du tout question. On y recommanda beaucoup la vie commune aux chanoines.

En 862, une horde de barbares appelés Normands remontent la Marne dans le dessein de piller la ville de Meaux. Charles le Chauve arrive assez à temps pour les empêcher de mettre pied à terre. Meaux est délivré pour cette fois. Le roi donne le gouvernement de la ville à son fils pour la tenir en sûreté. Trois ans après elle n'eut pas le même bonheur. Les Normands, semblables aux sauterelles d'Egypte, se répandirent sur toute la contrée et n'y laissèrent presque rien d'entier. La cathédrale fut exposée au pillage et le feu consuma une partie de ses édifices. Saint-Faron ne fut presque point endommagé.

En 887, ils revinrent à Meaux avec encore plus de furie. Les habitants soutinrent d'abord le siège avec courage, mais ils furent contraints de capituler. Les barbares fondirent sur eux, démantelèrent la ville, y mirent le feu et emmenèrent comme les autres l'évêque en captivité.

En 962, concile dans le diocèse de Meaux dont il n'est rien resté.

En 1005, partage des biens d'église entre l'évêque et les chanoines. Adieu la vie commune.

En 1080, troisième concile de Meaux, où Lambat, usurpateur du siège de Térouane (1), est excommunié ; ce fut à cette occasion que le comte de Flandre, protecteur de Lambert, se présenta à main armée à Térouane pour le mettre en possession ; mais ayant trouvé les portes fermées, il les abattit à grands coups de hache et il se commit beaucoup de meurtres dans l'église.

En 1082, quatrième concile de Meaux présidé par le légat du pape ; le comte de Champagne y

---

(1) Jadis ville importante et fortifiée ; elle fut ruinée en 1527 par Charles-Quint. Aujourd'hui *Thérouanne* est un bourg de 1,000 habitants environ (Pas-de-Calais).

assista avec la princesse son épouse. On procéda à l'élection d'un évêque de Meaux.

En 1147, le pape Eugène est reçu à Meaux le jeudi de la Pentecôte.

En 1179, Henri I, comte de Champagne, établit la commune de Meaux.

En 1182, les juifs furent chassés de cette ville en conséquence d'un édit général de Philippe-Auguste contre cette race malheureuse.

En 1198, le pape approuve l'ordre de Saint-Jean-de-Matha, qui avait pris naissance dans le diocèse de Meaux (1).

La même année, un nommé Maugarni ayant commis je ne sais quel crime et s'étant réfugié dans la cathédrale pour éviter les poursuites de la justice, fut néanmoins appréhendé au corps, conduit en prison, puis pendu et étranglé. Le clergé de Meaux jeta feu et flamme contre cet attentat porté aux franchises des lieux saints, lesquelles ne furent abolies qu'en 1539, sous le règne de François Ier. Le prévôt de Meaux qui avait fait pendre le quidam fut condamné à le retirer de la potence, à l'enterrer en terre sainte et à faire faire à ses dépens une statue qui en

(1) A Cerfroid.

conservât la mémoire à la postérité. Le prévôt exécuta de point en point la sentence.

En 1204, cinquième concile de Meaux pour établir, par la médiation du pape, la paix et la concorde entre Philippe-Auguste et Jean, roi d'Angleterre.

En 1226, fondation de l'abbaye de Pont-aux-Dames.

En 1229, sixième concile de Meaux au sujet de la réconciliation du comte de Toulouse. Ce prince, humilié au pied des autels et nu en chemise, demanda pardon à Dieu et à l'Eglise de tous les troubles scandaleux dont il avait été l'auteur. « *Vade,* lui dit le concile, *et amplius noli peccare.* »

En 1240, septième concile de Meaux tenu par le légat pour faire publier par toute la France la sentence d'excommunication portée contre l'empereur Frédéric II et pour engager les évêques français à faire le voyage de Rome à ce sujet.

En 1296, la Marne s'étant débordée fit un dégât affreux à Meaux et occasionna une perte considérable.

En 1317, le clerc d'un chanoine de Meaux allant à matines la nuit fut assassiné. Gaucher de

Châtillon, connétable de France, jugea cette affaire. Depuis lors les matines ne se disent plus qu'à 5 heures du matin.

En 1358, durant la prison du roi Jean après la sanglante bataille de Poitiers, le dauphin se réfugia à Meaux. Les Parisiens, qui s'étaient livrés au roi d'Angleterre, fondirent sur Meaux au nombre de plus de neuf mille. Le maire de la ville, qui leur était vendu, leur ouvrit les portes. La ville fut saccagée et brûlée. On fit trancher la tête au maire et à quelques bourgeois (1). Le dauphin, peu après, permit aux chanoines de rebâtir leurs maisons et leur cloître. La cathédrale fut préservée.

En 1385 une peuplade de brigands se mirent à piller, massacrer les ecclésiastiques, saccager les églises, les monastères, les hôpitaux, enlever les calices, les vases sacrés et commettre des désordres inexprimables. Le pape, touché de ces malheurs, lâcha une bulle pour les faire cesser par la voie des censures.

En 1420, le roi d'Angleterre, maître de Paris,

---

(1) Il s'agit du soulèvement populaire connu sous le nom de la Jacquerie ; le maire de Meaux était alors Jacques Soulas.

voyant que Meaux demeurait fidèle à ses véritables maîtres, s'avança à la fin de septembre vers cette ville avec un corps d'armée considérable ; il vint camper à Saint-Faron. Mille combattants d'élite renfermés dans la place résolurent de vendre chèrement leur vie. Ils soutinrent pendant cinq mois entiers, sans perdre un pouce de terrain, les efforts de l'armée ennemie. A la fin les vivres leur manquèrent ; ils abandonnèrent la ville et se retirèrent dans le Marché où ils se défendirent encore l'espace de deux mois ; alors il fallut céder. Le bailli de Meaux fut mené à Paris, aux halles, où il eut la tête tranchée ; la plupart des autres, au nombre de sept à huit cents, moururent de faim et de misère dans diverses prisons. Le bâtard de Wauru n'eut point de quartier. L'abbé de Saint-Faron pensa éprouver les derniers supplices. On emmena l'évêque de Meaux (1) prisonnier à Londres.

Au bout de quelques années, cette ville était à peine repassée sous la domination française, que la reine épouse de Charles VII y accoucha, au Marché, de deux jumelles.

(1) Robert de Girême.

En 1498 on fait à Meaux une magnifique réception au roi Louis XII.

En 1517, le diocèse de Meaux est imposé pour la première fois aux décimes, qui se montèrent à 7,000 francs.

— En 1521, des novateurs viennent s'établir à Meaux; ils ont l'effronterie de déchirer une bulle de Clément VII affichée aux portes de la cathédrale; ils ne rougirent point d'avancer que le pape était le véritable antechrist. Les coupables furent condamnés à être fouettés publiquement à Paris, de là renvoyés à Meaux pour y être fustigés de nouveau, puis marqués d'un fer chaud et chassés indignement. Deux ecclésiastiques de Meaux infectés du même poison furent brûlés vifs en place de Grève.

En 1522 et les années suivantes, la peste ravagea la ville et les environs de Meaux.

En 1535, en conséquence du concordat, François Ier écrit aux chanoines de Meaux, après la mort du cardinal Du Prat, pour leur défendre de procéder à aucune élection, leur signifiant qu'ils aient à recevoir l'évêque qu'il leur envoie.

En 1544, l'empereur (1), à la tête d'une puis-

(1) D'Allemagne.

sante armée, paraît dans le diocèse de Meaux. La terreur s'empare des esprits. Meaux devient presque désert. La paix bientôt rétablie entre les deux couronnes fit repeupler la ville.

Même année, lettres de convocation du concile de Trente apportées au chapitre de Meaux.

En 1546, arrêt qui condamne à mort quatorze hérétiques de Meaux.

En 1549, on brûle vif à Meaux un nommé Mallé, atteint et convaincu de sorcellerie.

En 1558, Meaux était déjà rempli de calvinistes. Henri II, outré des erreurs d'Andelot, frère de l'amiral de Coligny, l'envoya en prison à Meaux. Il fut enfermé pendant quelque temps dans le palais épiscopal, où il était gardé à vue par les habitants, et fut transféré ensuite dans le château de Melun. Il se fit publiquement dans le Marché de Meaux un mariage à la façon de Genève. Dans plus de douze cents familles dont cette partie de la ville était composée, à peine en comptait-on une douzaine qui fussent demeurées fermes dans la foi catholique.

En 1560 les Etats généraux avaient été convoqués à Meaux pour le 10 décembre ; mais ils se tinrent à Orléans.

En 1561 et 1562, dégât épouvantable dans

Meaux par les calvinistes. C'est pour cette fois qu'on peut dire qu'ils cassèrent les vitres. Les cloches mises en pièces, les croix ruinées et abattues, les fonts baptismaux rasés, les images brisées, les vases sacrés rompus, les hosties foulées aux pieds, voilà les excès auxquels ils se portèrent. Le curé de Saint-Martin, perverti au sermon d'un ministre, fit marché avec eux, moyennant une certaine somme, de leur abandonner son église par contrat passé devant notaires. Ils y firent leurs assemblées, leurs catéchismes, leurs baptêmes et leurs mariages. Mais ce n'est encore là que le prélude.

L'édit de Charles IX du 17 janvier 1562, qui permettait leurs prêches partout le royaume, les rend bien plus redoutables, plus insolents et plus audacieux. Le prince de Condé vint à Meaux sur la fin du carême, suivi de l'amiral de Coligny, de d'Andelot son frère, du vicomte de Rohan et d'une escorte nombreuse de leur parti. Ils y firent tous la cène à la mode de Genève ; la cène finie, ils partirent pour Orléans où ils commirent des désordres incroyables.

Le 27 mai le roi, la reine, le roi de Navarre et le cardinal de Bourbon vinrent à Meaux. Ils assistèrent à la procession du Saint-Sacrement, après laquelle quarante des principaux de la ville prêtèrent serment de fidélité au roi, vingt catholiques et vingt huguenots. Le roi, croyant avoir tout pacifié, partit pour Vincennes et laissa la ville plus en combustion que jamais.

Les religionnaires méditèrent de s'emparer de la ville et d'en chasser les ecclésiastiques. Pour cet effet ils marchèrent droit à la cathédrale, renversèrent les autels, brisèrent les croix et les images, mirent en pièces la ceinture du chœur qui était d'albâtre, foulèrent aux pieds les reliques des saints, mirent au pillage les ornements ; mais l'argenterie fut envoyée au roi. Le dommage qu'ils causèrent fut estimé à plus de 300,000 livres. Les chanoines furent conduits hors de la ville et ils ne furent restitués à leur office que plus d'un an après.

Une autre bande de huguenots était allée fondre sur l'abbaye de Saint-Faron, armés de bâtons, d'épées et d'autres outils. Ils commencèrent par l'église, qu'ils ruinèrent de fond en comble. Dans la sacristie on conservait une table d'argent estimée alors 800 pistoles. Elle servait de devant d'autel aux grandes solennités. Ils se la partagèrent. De là ils montèrent aux archives où ils trouvèrent plusieurs tonnes pleines de titres du monastère ; il y en avait la charge de trois chariots : tout fut jeté dans un grand feu. On avait cru sauver des effets précieux en les jetant dans le puits de la cuisine, ces forcenés s'y transportèrent et tout ce qui s'y trouva fut pillé. Tous les religieux furent mis à la porte et plus de trois mois se passèrent sans qu'ils osassent reparaître. On employa une demi-journée à charrier le plomb enlevé de la couverture de l'église, des orgues et des gouttières. Le résultat de leurs opérations fut d'abolir la messe dans l'étendue de la ville et des faubourgs.

En 1567, le roi vient à Meaux et échappe aux calvinistes qui voulaient se saisir de sa personne.

En 1568, les religieux de Saint-Fiacre déposèrent la relique de leur saint à la cathédrale de Meaux, avec serment qu'elle leur serait rendue après les troubles ; mais quelque instance qu'ils firent depuis, ils n'ont jamais eu la consolation de la ravoir.

En 1572, jour de la Saint-Barthélemy, on fait main basse à Meaux sur tous les calvinistes, comme on faisait à Paris. On en fit une horrible boucherie. Ainsi finirent à Meaux les troubles du calvinisme.

En 1577, au mois de février, on publie à Meaux

la Ligue, autre fléau destructeur. Les ligueurs inventèrent ce qu'on appelait alors les processions blanches. Celle qui vint à Meaux en 1583 était composée de plus de dix-sept cents personnes, les uns nu-pieds, les autres portant d'une main une petite croix et un cierge allumé de l'autre. Jamais on ne vit une pareille bigarrure.

En 1588, le parti de la Ligue, à la tête duquel était le duc de Guise, se fortifiait de jour en jour. Ce prince cherchait à mettre Meaux dans ses intérêts : de son côté le roi (Henri III) écrivait à la ville de lui demeurer fidèle ; comme elle balançait entre l'un et l'autre, elle apprit avec transport que le roi lui-même venait de se mettre à la tête de la Ligue. On jura l'union, on chanta le *Te Deum* à la cathédrale ; les canons et les feux de joie allèrent leur train.

En 1589, la ville de Meaux se déclare pour le duc de Mayenne contre le roi, tant il est vrai que les joies de ce monde sont courtes ! Les royalistes surprennent le Marché. La ville résiste et ils lèvent le siège. Peu de temps après, le duc de Mayenne et le duc de Parme sont reçus à Meaux, comme si c'était le roi lui-même, par le clergé, la garnison, le corps de ville et les gens de justice.

En 1593, les habitants de Meaux ayant appris

la conversion du roi furent en députation à Mantes pour s'offrir à lui. Sur la fin de décembre, les échevins, accompagnés de vingt notables, furent le trouver à Dammartin et se prosternèrent en silence la face contre terre. Henri IV, frappé de ce spectacle, ne put retenir ses larmes. Il les releva avec bonté et les assura que son cœur était rempli de joie de voir leur retour, qu'il voulait nommer leur ville sa bonne ville de Meaux, et les habitants ses bons sujets. « Je vous embrasse tous, ajouta-t-il, embrassez-moi aussi. Vous m'avez été contraires, et de mon côté je vous ai fait du mal. Je ne veux pas seulement oublier le passé, je vous ferai à l'avenir tout le bien que je pourrai. »

En 1594, le 1ᵉʳ janvier, Henri IV arrive à Meaux sur les cinq heures du soir. Tous les habitants vont à sa rencontre. On le conduit sous un dais à la cathédrale au bruit de l'artillerie et des acclamations ; il promet solennellement de maintenir de tout son pouvoir les privilèges de l'Eglise et signe tous les articles demandés. L'exemple de Meaux entraîna bientôt la reddition d'Orléans, Bourges, Lyon, Paris et des autres villes du royaume.

En 1622, l'évêché de Meaux, jusqu'ici suffragant de Sens, devient à cette époque suffragant de Paris.

En 1641, miracle à la Visitation de Meaux par l'intercession de saint François de Sales.

En 1652, M. Séguier, évêque de Meaux, établit des conférences ecclésiastiques dans son diocèse.

Ce même prélat obtient un arrêt du Conseil d'Etat qui défend à qui que ce soit de la religion prétendue réformée de tenir aucune école dans son diocèse.

En 1652 l'armée des Lorrains, à la tête desquels étaient le prince de Condé et le duc de Lorraine, fait des ravages affreux dans la Brie et principalement dans le diocèse de Meaux.

En 1661 on souscrit le formulaire d'Alexandre VII dans le diocèse de Meaux.

En 1664, mission à Meaux par le célèbre Père Eudes.

En 1681 le fameux Bossuet est assis sur le siège de Meaux.

En 1717, le 29 août, il y eut à Meaux une assemblée générale de l'arquebuse pour tirer un prix dont les quatre pentons furent estimés douze mille francs. Chaque compagnie avait un uniforme et une bannière particulière. Le nombre des chevaliers de Meaux était de 94. Les villes qui envoyèrent leurs officiers de l'arquebuse à cette célèbre assemblée étaient Compiègne, St-Quentin, Pont-Ste-Maxence, Chaumes, Rozoy, Bray-sur-Seine, Pont-sur-Yonne, Nogent, Guignes, Brie-Comte-Robert, Provins et plusieurs autres. Ce fut M. le cardinal de Bissy qui célébra la messe. M. le prince de Rohan, gouverneur de la Brie, tira le premier coup au nom du roi.

Il y a près de Meaux (1) une grosse roche d'où découle un ruisseau d'eau fort claire et extraordinairement fraîche. Autrefois qu'elle était toute solide, il n'en sortait pas d'eau. En 1619, voulant détacher de cette roche quelques pierres par le moyen de la poudre, on en vit sortir de l'eau en grande quantité, laquelle coule toujours depuis. On découvrit aussi une caverne pleine de pierres incrustées d'une grande beauté. Ces pierres sont très dures et ressemblent à des agathes brutes. On y trouva des pétrifications de poires, pommes et raisins.

Les chevaliers de l'arquebuse de l'Ile-de-France, Picardie, Champagne et Brie, s'étant réunis à Meaux en 1778 pour tirer un prix, com-

(1) A Crégy. Cette roche est citée par Depping, dans les *Curiosités de la France*.

mencèrent par doter quatre filles, à l'occasion de la première grossesse de la reine. Elles furent mariées le 5 septembre 1778, et les chefs des compagnies leur donnèrent la main. On porta devant les nouveaux époux un étendard avec le chiffre du roi et de la reine. On lisait au-dessous cette légende : *Non parturiunt imbelles aquilæ columbas*. On leur fit un superbe banquet de noces. Les chevaliers servirent à table les jeunes mariés ainsi que leurs parents. Les premiers nés de ces mariages devaient porter, pour les mâles, le nom de Louis-Auguste, et de Marie-Antoinette pour les filles.

Je puis très bien enchâsser dans le cadre de Meaux ces deux vers rapportés dans le 4ᵉ livre de l'ancien itinéraire de France :

*Hoc ubi tempus erat, primo nos vespere Meldæ
Excipit, hinc virides qua matrona protulit herbas.*

Quelque désir que j'aie eu de faire connaitre, selon ma coutume, les hommes célèbres de Meaux, je n'en ai pas trouvé un assez grand nombre pour en faire un article à part. J'ai découvert seulement un Pierre Janvier, un Nicolas Lenfant, un François Ledieu et un Jean Phelippeaux, tous quatre historiens de Meaux (1).

Denis Dumoulin, né dans le grand Marché de Meaux, fut d'abord maître de requêtes. Après la mort de sa femme, il embrassa l'état ecclésiastique et parvint aux premières dignités de l'Eglise. De l'archevêché de Toulouse il passa à l'évêché de Paris en 1439. Il a fait plusieurs fondations à Meaux et mourut en 1447. On parle encore d'un nommé Payen, célèbre voyageur (2). Cotelle, célèbre peintre né à Meaux,

---

(1) Le procureur Lenfant et le curé Janvier étaient seuls natifs de Meaux ; leurs manuscrits sont à la Bibliothèque publique de cette ville.

François Ledieu, chanoine de Meaux et secrétaire de Bossuet, était de Péronne. Il a laissé des *Mémoires* sur l'illustre évêque et un *Journal* qui ont été édités en 1856 par l'abbé Guettée (4 v. in-8°).

Jean Phélippeaux, grand-vicaire de Meaux, mort en 1708, auteur d'une *Chronique des évêques* restée manuscrite, était d'Angers.

(2) Nicolas Payen est un Meldois, auteur d'un petit volume imprimé sous le titre de *Voyages*. Il avait visité dans sa jeunesse divers pays de l'Europe, mais son existence s'est écoulée dans sa ville natale, où il fut lieutenant général du bailliage de 1664 à 1719.

La Bibliothèque publique de Meaux a acquis depuis peu un recueil en 2 vol. in-f°, de la main de Payen, relatif à des faits qui se sont passés de son temps dans la Brie.

excellait dans les ornements. On voit à Fontainebleau un grand nombre de morceaux de sa main. Il mourut en 1676 (1). Je ne dois pas omettre le père Toussaints Duplessis, savant et laborieux bénédictin, à qui je suis redevable des notes historiques sur cette ville (2).

(1) Jean Cotelle, peintre, est né à Meaux en 1607.
(2) Dom Michel-Toussaint Du Plessis, auteur de l'*Histoire de l'Eglise de Meaux* (1731) et de plusieurs autres ouvrages recommandables, était un bénédictin de l'abbaye de Saint-Germain-des-Prés, de Paris. Il était Parisien et est mort à 75 ans, en 1704.

DÉPART DE MEAUX

Pour des voyageurs curieux comme nous, rien n'aurait été plus mal vu que de retourner à Champeaux par la même route ; nous jugeâmes donc convenable d'enfiler le chemin de Rozoy. Nous ne passâmes pas loin de la célèbre abbaye de **Faremoutiers**. On fait remonter sa fondation vers l'an 615. Sainte Fare, qui est honorée d'un culte particulier à Meaux, en a été la première abbesse. Cette abbaye de bénédictines a toujours été en réputation de sainteté et de régularité. Les six ou sept premières abbesses sont inscrites dans le catalogue des saints. Charles le Chauve, sur le bien qu'il entendait dire de cette maison, la prit sous sa protection en 842. Il y eut des démêlés sanglants entre les évêques de Meaux et les religieuses de Faremoutiers sur le fait de la juridiction. Une abbesse de Jouarre ayant épousé, dans le temps du calvinisme, le prince d'Orange, on mit l'abbesse de Faremoutiers pour gouverner cette maison (1). En 1622 il s'opéra un miracle éclatant en la personne d'une religieuse de Faremoutiers. A dater de cette époque on ordonna que la fête de sainte Fare serait office double pour tout le diocèse. Depuis lors il s'est encore présenté plusieurs guérisons miraculeuses. On a vu à Faremoutiers des abbesses de la maison d'Orléans, de celles de Lorraine et de Bourbon. Il y a dans l'abbaye quatre chapelains, auxquels on donne le nom de chanoines, qui desservent la communauté et la cure du lieu; outre cela, il y a deux titres de diacre et de sous-diacre. Ces six bénéfices sont à la collation de l'abbesse. Faremoutiers est assez *conséquent* pour être réputé petite ville.

Ces connaissances succinctes ne retardèrent pas beaucoup notre arrivée à **Rozoy**. Cette petite ville est chef-lieu d'une élection à qui on donne 9 lieues de long sur autant de large. Elle est arrosée par les rivières du Morin (2) et d'Yères. On ne compte guère que 200 feux à Rozoy : c'est

---

(1) Lors du départ de Charlotte de Bourbon en 1572, sa sœur Louise de Bourbon, abbesse de Faremoutiers, devint abbesse de Jouarre.

(2) Erreur. — Le Grand-Morin passe à 4 lieues de Rozoy.

sans doute par cette considération qu'on n'y met point de troupes en quartier; leur séjour serait trop onéreux aux habitants.

La ville est environnée d'un rempart sur lequel il y a quelques tours et d'un fossé sec. Des pans de murailles attestent qu'elle a été fortifiée autrefois (1). Elle a trois faubourgs et trois portes, dont l'une s'appelle la porte de Rome. Cette dénomination lui vient d'une fantaisie qui prit à un de ses habitants de faire le voyage de Rome, et comme ce hardi pèlerin passa par là pour y aller, cette porte en a retenu le nom. A l'entrée de la ville est un bassin ou canal pratiqué pour recevoir les eaux incommodes de la ville, lesquelles eaux l'inonderaient sans cela. On est actuellement occupé à faire sur la route de Paris un superbe pont qu'on se propose d'achever avant trois ans.

Rozoy a deux compagnies militaires, l'une de fusiliers et l'autre d'arquebusiers. Les premiers tiennent leurs assises au Carquois, jolie promenade près des remparts. Les chevaliers de l'arquebuse s'assemblent tous les dimanches et fêtes dans un pavillon destiné à leurs exercices. Au-

(1) Ces fortifications avaient été établies de 1495 à 1512.

dessus du bâtiment on trouve cette devise : *Dexteritate pallet invidia*. Leur drapeau représente un homme qui fait la soupe (1).

L'église paroissiale est sous l'invocation de la Sainte Vierge. C'est un immense vaisseau d'un fort bon goût pour le temps où il a été bâti. Tout ce que j'y trouvai de remarquable, c'est le fait suivant consigné sur un tableau à la chapelle du Saint-Sacrement.

En 1198, sous le pontificat d'Innocent III et sous le règne de Philippe, roi de France, tout le peuple fut témoin à Rozoy d'un miracle insigne. Pendant qu'un prêtre disait la messe au grand autel, le pain fut visiblement changé en chair et le vin en sang. Le prêtre, dit-on, doutait de la réalité du corps de Jésus-Christ dans l'Eucharistie : saisi d'effroi à la vue de ce prodige, il prit aussitôt la fuite, et on n'a jamais su ce qu'il était devenu. Pour conserver à la postérité la mémoire de cet événement, on le dépeignit sur la vitre qui se voit encore aujourd'hui au milieu du rond-point de l'église. La pierre qui servait alors

---

(1) Une notice sur les arquebusiers de Rozoy a paru dans l'*Almanach historique de Seine-et-Marne* pour 1878; Meaux, Le Blondel.

d'autel est encore au même lieu et dans la même situation qu'au temps du miracle ; les fidèles n'en ont approché depuis qu'avec une sainte frayeur. On en a fait tailler une autre qu'on a placée au-dessus et qui la couvre entièrement. Le miracle ayant été certifié à Rome, on en obtint toutes les bucoliques nécessaires à l'érection d'une célèbre confrérie du Saint-Sacrement à Rozoy.

Dans le xiii° siècle il y avait à quelque distance de la ville un hôtel-dieu qu'on transféra ensuite dans Rozoy même pour l'avantage et commodité des pauvres. Les chanoines de Paris, à qui l'on s'adressa pour ce sujet comme seigneurs temporels, y donnèrent les mains et cédèrent même du terrain pour cette bonne œuvre, à condition que l'administrateur de l'hôtel-dieu serait un religieux. Cette disposition a changé dans la suite. Louis XIV établit à Rozoy, par arrêt du Conseil d'Etat du 26 mars 1695, un hôpital dont l'administration fut confiée aux habitants du lieu. Les fonds de cet hôpital furent tirés de l'ancien hôtel-dieu et d'une maladrerie voisine (1).

Les dames de la ville ont formé entre elles une

(1) St-Lazare de Rozoy, au faubourg de Gironde.

confrérie de charité qui est d'un grand secours aux pauvres. On dira après cela que le bien ne se pratique que dans les grandes villes !

Le fameux Jean Le Clerc, cardeur de laine, que Théodore de Bèze élève jusqu'aux nues pour avoir signalé son zèle dans les troubles du calvinisme, ayant été livré ès mains de la justice, fut fouetté publiquement à Paris par la main du bourreau. Il se retira après sa punition à Rozoy ; mais ne s'y voyant point en sûreté, il se réfugia à Metz, où ayant récidivé, il eut le poing coupé, le nez arraché et brûlé à petit feu.

Les dominicaines vinrent s'établir à Rozoy en 1648. Leur couvent prit le nom de la mère de Dieu. Elles s'engagèrent à instruire gratuitement les jeunes filles de la ville, riches ou pauvres, sans aucune distinction. C'est un gros jacobin qui les dirige. Le monastère n'a point un extérieur bien étoffé. Ce sont des grilles de bois qui lui servent de clôture.

Quel jugement veut-on que je porte sur cette ville ? L'endroit assurément n'en mérite pas un bien favorable ; exceptez-en deux rues passables, le reste est infâme. A cela près, on y trouve une société bien composée. Il n'y manque pas d'assez jolies maisons bourgeoises. L'hôtel de

Biberon (1) est un des plus somptueux bâtiments de Rozoy. Le personnage le plus imposant de la ville est le président de l'élection. Un essaim de suppôts de justice, qu'on appelle ailleurs la race emplumée, y vit de son talent. Le marché le plus considérable est celui du samedi. Le blé qu'on y verse de toutes les campagnes voisines sert à l'approvisionnement de la grande ville.

A quelque distance de Rozoy est un très beau château que l'on nomme La Fortelle (2). Il y a trois ponts-levis sur trois fossés remplis d'une eau vive et courante. Ce château est orné de très belles avenues d'arbres, avec un parc dans lequel on a pratiqué un étang aussi poissonneux qu'immense. On le pêche tous les trois ans et le produit en est très considérable. Toute cette vaste étendue est fermée de murailles. Il y a eu des seigneurs du nom de ce château; leurs armes étaient trois roses (3).

En sortant de Rozoy, nous prîmes la grand'-

(1) Demeure bourgeoise qui gardait le nom de Jean Biberon, avocat en parlement, conseiller du roi, président de l'élection de Rozoy à la fin du XVIIe siècle.

(2) Commune de Nesles-la-Gilberde.

(3) Ce sont les armes de Rozoy : d'azur à 3 roses d'argent, boutonnées d'or, posées 2 et 1.

route qui mène à Nangis. Nous n'y fûmes pas d'un quart d'heure que nous aperçûmes de loin un magnifique château bâti en tourelles appartenant à M. le duc d'Ayen. Il se nomme la Grange-Bléneau. Nous nous contentâmes d'admirer sa belle position et son riche volume. Un dernier objet devait fixer nos regards et terminer notre voyage ; c'était **Courpalais** : nous ne nous fîmes pas tirer l'oreille pour y arriver. Ce village tire son principal lustre de la collégiale de la Magdeleine qui y a été fondée par Pierre de Corbeil, archevêque de Sens, à condition que ses successeurs nommeraient aux canonicats. Ce chapitre est composé de huit prébendes et d'un doyen qui est la seule dignité (1). Le doyen est nommé capitulairement : il a droit de résigner sa place, pourvu qu'il s'en démette en faveur d'un prêtre. Une autre remarque, c'est qu'on peut être doyen sans être chanoine. Les fastes de cette Eglise publient avec une sorte d'ostentation que la dignité de doyen a été remplie autrefois par M. l'abbé de Beringhan, frère de M. le Premier. On l'a tiré

---

(1) Il y a eu originairement, outre le doyen, 12 prébendes et 4 titres de chapelains dans cette collégiale Sainte-Marie-Madeleine de Courpalais, érigée en 1213.

7

de Courpalais pour l'élever sur le siège du Puy (1). Après M. de Beringhan, les chanoines de Courpalais ont choisi pour doyen M. l'abbé Grassin, de l'illustre maison de ce nom (2). C'est lui qui a fait bâtir à ses frais et dépens la superbe maison affectée aux doyens.

Le doyen occupe la première stalle du chœur à droite. Il a le privilège exclusif d'officier les jours de grande solennité ; quand il en est empêché, c'est au chanoine en tour à le remplacer. Une de ses prétentions est encore d'avoir un tapis et un carreau pour s'agenouiller au chœur. Il aurait été à souhaiter pour le bien de la paix et pour l'édification publique qu'aucun doyen n'eût jamais touché cette corde-là, car que de contestations, que de procès, que de scènes même scandaleuses ce droit de tapis n'a-t-il point excités entre le prétendant et ses confrères! Le doyen actuel aime mieux s'en passer que de ressusciter les anciennes querelles.

Le portail de l'église, au-dessus duquel s'élè-

(1) François-Charles de Béringhen, comte d'Armainvilliers, frère du premier écuyer du roi, devint évêque du Puy en 1726.

(2) Jacques-Alexandre Grassin de Mailly était déjà doyen en 1725.

vent deux petites tours uniformes, se présente assez bien ; mais *fode parietem*, on se sent pénétré de commisération en voyant la nudité et le délabrement de cette église : elle aurait donné, je gage, au prophète Jérémie matière à bien des lamentations ; il aurait dit de ce temple : *Quomodo obscuratum est aurum, mutatus est color optimus, dispersi sunt lapides sanctuarii in capite omnium platearum.* En effet, il ressemble on ne peut plus parfaitement à une grange. Il n'y a pas longtemps qu'on voyait encore le comble et toutes les tuiles à découvert ; on a joint depuis de mauvaises planches pour cacher cette difformité. Le chœur n'est distingué de la nef que par l'élévation d'une seule marche. Quelques méchants bouts de cierge composent tout le luminaire de l'autel. Le tableau représente une Magdeleine qui pleure et qui fait pleurer, tant il est mal fait. En voyant le pitoyable état de cette église, nous nous sommes bien donné de garde d'examiner les ornements, qui eussent encore aggravé notre douleur.

On remarque autour du chœur et de la nef un titre (1) avec les armes d'un des seigneurs de

(1) Une litre ou ceinture funèbre.

Courpalais, que le chapitre a essayé inutilement de faire effacer. Après un argent immense employé à ce procès, le titre est resté. Le seigneur se maintient toujours dans la jouissance d'un banc dans cette collégiale.

Si de la description de l'église nous passons à l'acquit de l'office divin, que de nouveaux sujets de réflexions ! Tous les étymologistes dérivent le mot *canonicus a canendo ;* par quel renversement arrive-t-il donc que les chanoines de Courpalais se soustraient à ce devoir? Chez eux l'office canonial n'est jamais chanté. Soit qu'ils n'aient pas moyen de payer des chantres, soit qu'ils objectent être en trop petit nombre, toujours est-il vrai de dire que tout se passe en psalmodie. Que dis-je? ils font pourtant la grâce au dimanche de dire une messe haute à laquelle deux choristes d'emprunt prêtent leur assistance purement gratuite. Ces pieux fainéants prennent quatre mois de vacances, comme si toute l'année n'était point une vacance pour eux. On les a taxés plus d'une fois de sonner l'office sans y aller ; c'est une médisance toute pure. Ils vont à tour de rôle acquitter les dimanches et fêtes, dans un hameau voisin, une messe qui rapporte près de mille écus au chapitre. L'usage est qu'un chanoine, même sous-diacre, ait rang dans les hautes stalles et voix délibérative dans les assemblées capitulaires. Tous, excepté deux, sont logés dans l'enceinte du cloitre. Les maisons s'achètent à vie et se résignent avec le bénéfice. Nous en vimes quelques-unes qui sont assez gentilles. La pointe ne se porte pas à l'église, d'où il arrive que le pointeur lui-même absent la fait au coin de son feu. Tout le produit des canonicats se tire des granges et de la dime du vin. Le reste qui revient au chapitre est mis en masse pour subvenir à tous les frais. Je crois qu'il faudrait une année grosse comme deux pour faire aller les prébendes à quinze cents livres.

Des deux chapelles qui faisaient autrefois partie de l'église, on en a mis une à usage de sacristie, et l'autre, par le moyen d'un cloisonnage, sert de grange. Ainsi leurs grains sont plus qu'ailleurs sous la sauvegarde divine, *ergo* moins exposés à l'enlèvement. On y a adossé par dehors des remises et autres bâtiments. M. le cardinal de Luynes, lors de ses visites diocésaines, n'a point ignoré cette manière un peu leste de s'arranger, mais *vidit et siluit*. Je me tais aussi.

Maintes fois il s'est agi de réunir ce chapitre endetté à celui de Notre-Dame de Melun ; des raisons de préséance ont toujours mis un bâton dans la roue. Messieurs de Courpalais voulaient bien aller à Melun moyennant de conserver dans Notre-Dame leur rang d'ancienneté de chanoine; mais Notre-Dame n'a pas voulu.

Tout l'avantage que les chanoines ont dans Courpalais, c'est d'être seigneurs du fief de la Magdeleine, où leur collégiale est assise. Ce fief, qui est extrêmement resserré, en leur donnant droit de chasse, ne leur laisse point un long coup de fusil. Il faut que leur garde soit diantrement subtil pour y attraper du gibier. Ce sont eux qui sont curés primitifs et présentateurs de la cure du lieu. Je passe sous silence bien des démêlés, bien des scènes, bien des prises de corps qui ont retenti sur le théâtre de Courpalais, par la raison que c'est une relation de voyage que je fais et non pas une gazette ecclésiastique.

L'église paroissiale pourrait, en cas de besoin, servir de pendant à la collégiale ; c'est un vaisseau fort ancien, fort obscur et fort pauvre (1).

---

(1) L'église paroissiale, sous le vocable de Saint Martin, construite au XIII° siècle, en partie détruite au XVI°, avait été replâtrée ensuite.

Elle est placée dans le centre du village tandis que la collégiale est à un bout.

Ce qui rend la jambe bien faite aux chanoines, c'est d'avoir sous leurs fenêtres une grande route qui les conduit à Rozoy d'un côté et à Nangis de l'autre.

M. le duc d'Ayen est seigneur de Courpalais. Ce village, planté sur une élévation, serait dans la classe de mille autres dont on ne parlerait pas, sans son chapitre. Les alentours sont chargés de vignes, et pour qu'on n'ait pas la tentation de nous faire boire du jus qu'on en exprime, nous nous hâtâmes de regagner bien vite Champeaux.

DÉTAIL & CURIOSITÉS DE CHAMPEAUX

JANVIER 1786

L'endroit où l'on est domicilié est comme une seconde patrie qui semble même l'emporter sur la première au dire des poètes :

Illa mihi patria est, ubi pascor non ubi nascor ;
Illa ubi sum notus, non ubi natus eram.
Illa mihi patria est, mihi quæ patrimonia præbet ;
Hic ubicumque habeo quod satis est, habito.

Plus de cinq ans de séjour à Champeaux m'ont suffisamment acquis et le droit de bourgeoisie et celui d'en parler pertinemment. Mon dessein n'est pas de noyer Champeaux dans une antiquité fabuleuse ; assez d'autres endroits, sans celui-ci, se sont perdus dans la nuit des temps. César a annoté dans ses *Commentaires* des pays qui ne le méritaient peut-être pas autant que le nôtre. Que voulez-vous, c'est une injustice dont il faut bien nous consoler.

Pour mettre quelqu'ordre dans cette matière, je diviserai Champeaux en deux. La première partie traitera de l'état actuel des choses ; la seconde contiendra les faits historiques. En deux mots Champeaux moderne, Champeaux ancien, voilà le sujet de vos favorables attentions.

Si je faisais une ville de Champeaux, outre que ce serait altérer la vérité de l'histoire, c'est que je craindrais encore que le lecteur ne se tînt en garde contre la suite de mon récit. J'aime bien mieux le qualifier de bourgade : au reste le nom ne fait rien à la chose. Champeaux est à onze lieues de Paris, vers le sud-est, et à près de trois lieues nord-est de Melun. Il est situé dans la Brie, au milieu d'une plaine vaste qui le laisse apercevoir de très loin. On a le choix d'y arriver par eau ou par terre ; par eau en venant par Melun, par terre en prenant la route de Brie-Comte-Robert.

Les trois portes les plus passagères sont celles de Paris, de Melun et de Varvanne. Les portes n'y sont plus, à la vérité, mais le nom en est demeuré. De larges fossés environnent Champeaux de toutes parts. Leur service est de recevoir les eaux étrangères et, tout stagnantes qu'elles soient, jamais elles ne rendent l'air insalubre. Les terrasses qui règnent tout le long servaient autrefois de remparts ; elles font aujourd'hui, à cause de leur élévation, le plus grand agrément des jardins qui y sont contigus. Dans une demi-heure on peut faire le tour de Champeaux, et cette promenade n'est pas du tout indifférente, surtout pour ceux à qui le poids des ans ne permet pas d'en faire une plus longue.

La grande place serait le plus beau fleuron de Champeaux, si elle n'était pas masquée par la halle. Cette halle (1), destinée tout entière dans son principe à l'utilité publique, a été, malgré la réclamation des habitants, enceinte de murs pour servir de grange. On n'en a laissé qu'une travée à jour pour y mettre à couvert les marchands et les marchandises. Le marché s'y tient régulièrement le vendredi de chaque semaine. Les denrées ordinaires sont de la volaille, des œufs, du beurre, des légumes, du fruit, rarement du poisson frais.

Après la grande rue, qui est la plus belle, on

(1) Etablie suivant lettres patentes de François I", du 3 mai 1544 et de Henri III, du 15 mai 1578.

compte la rue de Paris, celle de Melun, celle de Varvanne, du Tourniquet ou du Cimetière, celle du Cloitre et quelques autres.

Il y a un grand nombre d'assez jolies maisons, parmi lesquelles on distingue celle de Saint-Victor (1), celle de la prévôté (2), celle de la chantrerie, celle de M. Villetard, celle bâtie par l'abbé Jésus (3) et occupée par M. Martinot, ayant un superbe perron et celle des héritiers de feu M. Garnot. La maison de campagne de Mme Legendre est remarquable par son jardin, son verger, ses statues et sa terrasse. Celle de M. Chatelain, ancien greffier au Châtelet, est très logeable. Sainte-Fare et le noviciat sont les deux plus chétives maisons canoniales. C'est par là que les nouveaux débarqués entrent en branle.

Tous les arts et métiers se trouvent presque réunis à Champeaux : pour qu'on n'en doute pas, j'en joins ici l'énumération. Chirurgiens de trois ordres, ou trois ordres de chirurgiens, arpen-

---

(1) L'abbaye de Saint-Victor de Paris possédait, outre le droit d'annate en la collégiale de Champeaux, deux prébendes qui furent réunies en une seule.

(2) La maison du prévôt du chapitre est devenue le presbytère de la paroisse.

(3) François Gésu d'Aubigny, chanoine, prévôt en 1699.

tour, feudiste, musiciens de voix et d'instrument, maitres d'écriture et de latin, épiciers, bouchers, boulanger, charron, cordonniers, couturières, blanchisseuses, drapier, jardiniers, maçons, cabaretiers, rôtisseur-patissier-traiteur, savetiers, serruriers, maréchal, vannier, tonneliers, tailleurs d'habits, vitrier, tisserands, bourreliers, menuisiers, peintres et sculpteurs, ravaudeuses, ménétriers, batteurs, calvaniers, terrassiers, vignerons, bergers, filassiers, fruitiers, charpentiers, couvreurs, etc. N'est-ce pas un phénomène de trouver tant de professions dans un lieu qui ne comporte pas 200 communiants?

Champeaux donne le nom à l'un des doyennés ruraux du diocèse de Paris; ce n'est point à dire pour cela que le curé de céans soit toujours doyen de chrétienneté; l'ordinaire peut choisir celui des sept qui composent le district et lui plait davantage.

L'hôtel-dieu est richement doté (1). L'administrateur est toujours pris parmi les chanoines et il est obligé tous les ans de rendre compte au cha-

(1) Il y avait une maladrerie dès le XI° siècle; ses biens passèrent à l'Hôtel-Dieu fondé en 1457 par le chanoine Léonard Bardin. En 1790 les revenus de cet Hôtel-Dieu s'élevaient à 3,000 livres.

pitre de sa gestion. L'école des garçons est dévolue au clerc de la paroisse ; celle des filles, nouvellement fondée, est régie par une femme qui ne doit être ni sœur ni converse, ni trop vieille ni trop jeune, ni veuve ni mariée. Champeaux est dans l'élection de Melun et hors la prévôté et vicomté de Paris.

La collégiale, dédiée à saint Martin, évêque de Tours, peut hardiment passer pour une fort belle église de campagne (1). On admire avec raison sa hauteur et la délicatesse de ses piliers. Elle est bâtie en forme de croix, avec des ailes, et finit en carré du côté de l'orient, ce qui n'empêche point qu'on ne tourne derrière l'autel. Sa structure est du xiii° siècle. Les fenêtres étaient pleines autrefois, mais l'entretien en étant trop dispendieux, on les a diminuées de moitié. Celles du fond de l'église donnent un faux jour qui fatigue quand on lit au chœur. La longueur du vaisseau est de 156 pieds, sur 60 de large. Tout ce qu'on peut lui reprocher, c'est d'être absolument nu ; la blancheur des murailles fait toute sa décoration. Le grand autel est calqué sur celui

(1) C'est aujourd'hui l'église de la paroisse, et ce bel édifice est classé au rang des monuments historiques.

de Notre-Dame de Paris, avec cette différence que l'un est chamarré d'or et que l'autre est la pauvreté même. La suspense du ciboire est placée à l'autel des féries, où l'on voit un christ fort estimé. On est saisi d'une double frayeur quand on descend le ciboire, d'abord à cause du respect dû à la majesté divine, ensuite parce qu'un jour il est arrivé que la corde de la suspense a cassé. Saint Martin et sainte Fare, tous deux de stature naturelle, sont aux coins de l'autel des féries. Six chandeliers et une croix, voilà tout le parement du maître-autel. Le sanctuaire est supérieurement pris. Le chœur, enlaidi par une menuiserie mesquine et gothique, offre vingt-six stalles de chaque côté. Sans l'ordonnance destructive de M. l'archevêque de Paris donnée en son palais le 28 novembre 1783, on verrait encore les indécences et les originalités en relief dont ces stalles étaient farcies (1).

Les deux tribunes au-dessus de la principale grille du chœur servaient, l'une à gauche pour

(1) L'ordonnance de M. de Juigné, archevêque de Paris du 22 septembre 1783 ; il ne paraît pas qu'on en ait tenu compte, puisque les curieuses stalles sculptées en 1522 sont encore en place aujourd'hui dans l'église de Champeaux, qu'elles ne déparent nullement.

l'épitre, et l'autre à droite pour l'évangile. Le danger où l'on s'est vu plus d'une fois exposé de se casser le cou, a fait prendre le parti de chanter tout dans le chœur. Une dépense qui embellirait beaucoup la grande église (c'est le nom que les paysans lui donnent), serait celle de jeter bas ces tribunes et de faire une entrée égale au moins aux portes collatérales du chœur; nous ne sommes plus dans un siècle où la race de la maison de Dieu dévore. Parmi les membres qui sont attachés à cette Eglise, ce n'est pas la possibilité de travailler à cette belle œuvre qui manque, il n'y a que la volonté.

Le trésor est aussi nu que le reste. Quelques calices d'argent, un morceau soi-disant de la vraie croix, deux reliquaires, l'un de saint Dosne, l'autre de sainte Fare, un encensoir et une navette d'argent donnés en 1608, à la charge d'un obit, par François Dautour, prêtre et chanoine de Champeaux (1), deux livres d'épitres et d'évangiles reliés en velours rouge garnis d'argent, et deux instruments de paix qu'on

(1) Il avait donné aussi quelques terres, par contrat passé devant Claude Brazier, tabellion à Champeaux, du mardi 8 avril 1608.

baise, sans qu'il y ait pour cela plus d'union.

Les ornements ne sont rien moins que recherchés. Le plus passable est celui dont les orfrois ont été travaillés au petit point et donnés par Mesdames de France en 1769. On députa deux chanoines pour aller à Versailles remercier ces princesses de leur cadeau, et on fonda tous les ans le 23 mars une messe solennelle d'actions de grâces pour la conservation de la famille royale et de Mesdames en particulier. Les députés firent rapport au chapitre d'avoir été très gracieusement accueillis.

Chaque chanoine paye à sa prise de possession quatre-vingts francs pour droit de chape, et les chapelains trente-six livres.

La tour de Champeaux en impose par sa solidité et sa hauteur. L'escalier, qui est pris dans l'épaisseur de la tour, a 170 marches. On distingue du haut non seulement le clocher de Brie-Comte-Robert, mais lors des réjouissances à Paris, on a encore le plaisir de voir les feux d'artifice. La grosse cloche se nomme Marie; elle pèse deux mille neuf cent vingt-et-une livres; la seconde, Saint-Martin; la troisième, Sainte-Fare; la quatrième, Saint-Domnole; la cinquième, Saint-Pierre; la sixième, Adélaïde.

Cette dernière, ayant été fondue en 1770 aux frais de M. Machelard, chantre et chanoine, fut baptisée par le chanoine en tour. On s'aperçut que le nom de M. Machelard était à la tête des autres ; on le fit rayer par le fondeur pour être mis à son rang de chanoine ; voulant par là signifier qu'on ne reconnaissait dans la place de chantre aucune juridiction, dignité, distinction et prééminence quelconque.

L'église est toute charpentée de bois de châtaignier. Dans le peu de vitraux peints qui restent aux ailes du chœur (1), sont représentés cinq ou six chanoines en robes rouges avec l'aumuce sur le bras droit ou gauche indifféremment ; on croit que c'étaient des chanoines de Champeaux conseillers clercs au parlement. Dans un des panneaux de la chapelle Saint-Pierre sont sept églises qu'on présume être les sept paroisses qui dépendent du chapitre, savoir : Champeaux, Fouju, Saint-Merry, Andrezelles, L'Etang, Quiers et La Chapelle-Gauthier. Ailleurs on s'imagine distinguer l'abbé de Saint-Victor, qui présente

(1) Les verrières de Champeaux ont fait l'objet d'une étude de M. Eug. Liébert, insérée dans le 5ᵉ Bulletin de la Société d'archéologie de Seine-et-Marne, en 1870.

ses religieux à l'évêque de Paris. On voit Saint Joseph et la Sainte Vierge emportant sur un âne l'Enfant Jésus en Egypte, etc. Tout le pavé était anciennement composé de grandes tombes sur lesquelles étaient figurés ou des chanoines en chasuble, un calice à la main, ou des bienfaiteurs de cette église ; mais en 1728, par permission de M. le cardinal de Noailles, archevêque de Paris, on leva les meilleures qu'on réduisit en petits carreaux pour paver le chœur et le sanctuaire, à condition néanmoins qu'on conserverait les noms des personnes exprimés sur les tombes dans des endroits apparents (1). Voici la liste de ceux qui ont laissé du bien pour qu'on se souvint d'eux dans les prières :

Jean DE RAMPILLON, chanoine et prévôt, mort en 1310.

Arnoldus DONADEI, chanoine et prévôt, mort en 1324.

Pierre ENNAVOI, chanoine et chantre, fonda-

---

(1) Il reste encore des tombes historiées, nombreuses et intéressantes ; on les trouve mentionnées et plusieurs sont reproduites dans les *Inscriptions de l'ancien diocèse de Paris*, publiées sous les auspices du ministère de l'instruction publique, par MM. de Guilhermy et de Lasteyrie ; 1873-1883, 5 vol, in-4°.

teur de la chapelle de Sainte-Fare, mort en 1339.

Nicolas Sauvaige, simple chanoine, mort en 1522.

François Lecoq, écuyer, du diocèse de Sens, et chanoine, mort en 1543.

Denis Garnier, chanoine et curé de Champeaux, mort en 1583.

Etienne Bourdier, du Bourbonnais, mort en 1621.

Jean Mesny, prêtre et chanoine, mort en 1625.

Pierre Lebrun, chanoine et prévôt, mort en 1630.

Nicolas Allant, natif de Champeaux et chanoine, mort en 1636.

François Dautour, prêtre et chanoine, mort en 1608.

Benjamin Villatte, chanoine, mort en 1641, auteur de son épitaphe (1) :

---

(1) Le chanoine B. de la Villate a publié deux ouvrages dont voici les titres : *Songe et son interprétation avec un hermitage chrestien*. Paris, J. Laquenay, 1626, in-8°, orné d'un portrait de l'auteur, par J. Picart; suivis de sonnets au Président de Melun, au Lieutenant-Général de Meaux et à M. Bachot, curé de Mormant, et à plusieurs chanoines de Champeaux ; — *Madrigals avec leurs moralistez à divers personnages de ce siècle*. Ensemble : les Annotations sur iceux Madrigals et

« Villatte mis en ce tombeau,
« Meurt une fois pour toujours vivre.
« Il vit là haut comme un flambeau,
« Et çy bas ès pages du livre,
« Où doucement il a chanté
« Sainte Fare et sa chasteté.
« O mortel! cela te convie
« A louer sa mort et sa vie.
« O passant! quiconque tu sois,
« Pense à cet Orion françois,
« Qui, sur la veille du naufrage,
« Menassant sa dernière fin,
« Ne peut avoir aucun dauphin
« Pour calmer son mortel orage.
« Il a fait bris par son trépas.
« Prie pour lui, n'y manque pas. »

Fiat lux.

Louis JOUSSET, du Gâtinais, chanoine, mort en 1652.

Jean JUSSEAUME, chapelain de Saint-Pierre et bienfaiteur, mort en 1613.

Jérôme de DURAND, écuyer, frère du sei-

---

sur leurs Moralitez, par René le Corcenet, Dijonois, Licencié ès Droicts. Paris, J. Libert, 1634, in-8° avec portrait de J. Picart.

L'épitaphe de B. de la Villate est incorrecte dans le manuscrit du chanoine Goudemetz. Nous l'avons rectifiée d'après la copie qui s'en trouve dans le volume 306 de la collection Clairambaut.

gneur de Vilblain, chanoine, mort en 1668 (1).

Claude HANFROY, chanoine et chantre, mort en 1676 (2).

Clément BOUTILLIER, chapelain de Saint-Pierre, mort en 1680.

M. TOUGARD, chanoine, a laissé 5,000 livres pour la décoration de l'église, mort en

Georges ROBERT, prêtre et chanoine, mort en 1713.

M. CHRISTIN, chanoine, a fondé la maison du chantre, mort en 1744.

M. GUENYARD, docteur de Sorbonne, chanoine et prévôt, bienfaiteur de l'hôtel-dieu, mort en 1773.

Le chapitre est composé de treize chanoines, y compris celui de Saint-Victor. Au défaut de dignités, il y a deux personnats, qui sont la chantrerie et la prévôté. La fonction du chantre est d'entonner le premier psaume à tous les offices, de présider au chœur, de régler le billet de cérémonies d'après la délibération capitulaire,

(1) Villeblain, ancien fief situé sur Fouju, près Champeaux.

(2) Claude Hanfroy est mort à Paris le 24 août 1673, à 59 ans.

de veiller sur les clercs et le bas chœur, de ne manquer aucun office et de signer la pointe. Il occupe la première stalle à droite. Il y a une maison affectée au chantre, plus un petit bois dit la Vinaigrerie, plus une trentaine d'arpents de terre, plus 15 livres de gages qui lui sont annuellement payés par le prévôt. Au chapitre, le chantre n'a que son rang de chanoine. Le prévôt, quand il n'est pas chanoine, n'a ni entrée ni voix au chapitre ; il ne peut figurer que dans le chœur, dont il a la seconde place : au reste la mortification (si c'en est une) de n'être pas capitulant est bien compensée par l'avantage d'un revenu presque égal aux chanoines, et par la non-obligation de résider. Tous les actes judiciaires se passent au nom du prévôt. Il rendait autrefois la justice en surplis et en aumuce ; on trouve encore dans les archives des sentences qu'il a prononcées. Depuis le célèbre édit de 1608, qui ôte toute juridiction aux ecclésiastiques, le prévôt nomme un lieutenant qui fait la fonction de juge. Les causes de Champeaux vont en première instance à Melun et par appel au parlement de Paris. On a vu plusieurs fois des chanoines cités à leur propre tribunal. Le ministère de la police s'exerce par un procureur fiscal commis par le chapitre, qui est en même temps tabellion. Les huissiers et autres hommes de loi plaident à l'audience, quand les parties ne s'acquittent point elles-mêmes de ce devoir. La salle des plaids est contiguë à la belle maison qui sert d'apanage au prévôt. On se propose de mettre au-dessus de cette salle l'inscription suivante :

Quæ dea ? — Sacra Themis. Quæ patria ? — Regna tonantis.
  Qualis origo ? — Fuit sanctus uterque parens.
Cur frontem facies aperit formosa severam ? —
  Nescia corrumpi, non amo blanditias.
Aurium aperta tibi cur altera, et altera clausa est ? —
  Una paret justis altera surda malis.
Cur gladium tua dextra gerit? Cur læva bilancem ? —
  Ponderat hæc causas, percutit illa reos.

Le chantre et le prévôt sont appelés les derniers au chapitre général. L'ancien des chanoines, improprement appelé doyen, n'a que la troisième place au chœur, mais il est président né du chapitre. Les chanoines, par le moyen qu'il n'y a pas de dignitaires, jouissent entre eux d'une parfaite égalité. On ne connait point de stage dans cette église. Quand un titulaire est nommé, il a le privilège de s'absenter pendant six mois, parce qu'il est tenu présent à tous les offices ; ce temps est appelé le vacant, qui est dû à l'abbaye de Saint-Victor de Paris en vertu d'un don à elle fait en 1124 par Etienne de Senlis, évêque de Paris : du même coup de filet cette maison obtint de ce prélat la vacance des prébendes de l'Eglise de Paris, de celles de Saint-Germain-l'Auxerrois, de Saint-Marcel, de Saint-Cloud. Etienne ne borna pas là sa bienfaisance envers Saint-Victor, car neuf ans après il lui donna un canonicat dans chacune de ces églises. Cette abbaye était alors si célèbre par sa piété et sa doctrine qu'un écrivain n'hésitait pas de dire : *Non est angulus orbis christiani in quo Victorinorum congregatio se non dilataverit.* Le vacant de Champeaux pour Saint-Victor est aujourd'hui fixé à la somme de cent écus. Les provisions du chanoine victorin portent : *Tanquam rector et administrator præbendæ et canonicatus, et revocabilis ad nutum.* Je crois, malgré qu'on en dise, qu'il est aussi apte qu'un autre à parvenir aux charges, puisqu'il suit comme un autre son rang d'antiquité. M. Lefèvre de Caumartin de Mormant, chanoine de Saint-Victor, était doyen de la compagnie en 1725 (1).

(1) Dominique Lefèvre était le troisième fils de Louis Lefèvre de Caumartin, seigneur de Mormant, conseiller au parlement de Paris; il est mort chanoine jubilé de

Les officiers du chapitre sont : le procureur de la grande procure, le procureur de Saint-Merry et de la communauté alternativement avec MM. les grands chapelains, le secrétaire, l'administrateur de l'hôtel-dieu et le sacristain. Quoiqu'il soit défendu par un ancien règlement de posséder plusieurs charges à la fois, il n'est pas rare de voir de ces gens qui aiment à faire les nécessaires, revêtus de deux ou trois emplois, au mépris des saints décrets.

Ce qu'on appelle le gros dans les autres Eglises et qu'on gagne indépendamment de l'assistance, n'a pas lieu ici. Tout le revenu est en présences, et en présences si rigoureuses que la maladie la plus opiniâtre hors de Champeaux, attestée par tous les Esculapes du monde, ne vous ferait point obtenir le plus léger dédommagement. Un droit de dîme sur quarante mille arpents est le produit le plus clair des chanoines. Ils jouissent d'une étendue de chasse considérable, mais mal gardée.

Rentrons dans l'église et disons que l'office s'y fait aussi décemment qu'on peut le désirer. Une

Champeaux, c'est-à-dire après 50 ans d'exercice, le 23 mai 1734.

particularité bien extraordinaire et peut-être unique dans l'Eglise de France, c'est que les chanoines ici, excepté les grands jours, se sont affranchis de l'acquit de l'autel et du chœur; avec de simples actes de comparution dans leurs stalles, ils ont leur année pleine : on peut appeler cela du bien qui vient en dormant. MM. les grands chapelains chargés de tout l'office gagnent le ciel pour MM. les chanoines. Tous les jours il y a messe chantée avec diacre et sous-diacre.

Le bas-chœur est composé d'un maître de musique, de deux chapiers, d'un serpent, d'un aide de chœur, d'un bedeau et de six enfants de chœur. Le maître doit donner de la musique tous les dimanches et fêtes à la messe, et du faux bourdon à vêpres. Le *Te Deum*, les proses, l'offertoire, le *Dixit*, le *Magnificat* et l'hymne des annuels sont en grande musique. Le jour du patron on appelle des symphonistes étrangers.

Le jeudi saint le chanoine en tour fait les frais de la cène. Après avoir lavé dans la nef les pieds à douze enfants, il leur distribue un pain et quelques pièces de monnaie. On offre au chapitre, présent à la cérémonie, du pain et du vin.

Série des Chanoines depuis 1725 jusqu'en 1786.

M. de Vaucouleurs meurt en 1725. M. le cardinal de Noailles nomme M. Clouet (1).

1728. — M. Prévost, chanoine et prévôt, se démet entre les mains de l'ordinaire, qui nomme à ces deux bénéfices M. Guenyard (2).

1733. — M. Martin meurt (3). M. de Vintimille nomme son parent l'abbé M. Lascaris, des comtes de Vintimille du Luc.

1734. — M. Lefèvre de Caumartin de Mormant meurt à 89 ans ; l'abbé de Saint-Victor nomme M. Cerveau.

1735. — M. Lascaris de Vintimille résigne à un clerc du diocèse de Fréjus, M. Nolin.

1737. — M. Robert se démet en faveur de M. Alexandre.

1738. — M. Picon, du diocèse d'Arras, meurt. M. l'archevêque nomme M. de la Tour du Pin.

---

(1) Pierre Clouet, docteur en théologie de Reims, qui succéda à Nicolas de Vaucouleurs, est mort doyen d'ancienneté le 20 novembre 1763.

(2) Etienne Guényard, d'Autun, docteur de Sorbonne, mourut à 75 ans le 11 avril 1773.

(3) Sébastien Martin, de Paris, décédé le 5 septembre 1733.

1738. — M. Morisset meurt, on met en sa place M. Rabault.

1742. — M. Alexandre résigne son bénéfice à M. de la Sauvagère.

1742. — M. Liébaut résigne avec pension à un jeune prêtre natif de Champeaux, M. Garnot.

1743. — M. Nolin remet à M. l'archevêque, qui nomme un diacre du diocèse de Fréjus, M. Morain.

1744. — M. Coqueterre meurt, le prélat nomme M. Chandon, du diocèse de Séez.

1744. — M. Christin est remplacé par un clerc tonsuré d'Aix, M. Adanson.

1744. — M. Morain se démet, M. l'archevêque donne sa place au sous-diacre d'office, M. Hubard.

1746. — M. Rabault meurt, le canonicat est happé, en vertu du droit de régale, par M. Massart.

1747. — M. Adanson se démet au profit de M. Gourlier.

1748. — M. Gueau quitte la chantrerie, que M. l'archevêque donne à M. Chandon, déjà chanoine.

1748. — M. Guenyard, prévôt, permute son canonicat avec un prieuré de M. Prunières.

Nota. — Le c voudra dire chanoine actuel de Champeaux, et le v, chanoine encore vivant.

1748. — M. de la Tour du Pin meurt, M. l'archevêque nomme son secrétaire, M. Jardin. *v.*

1748. — M. Goubert meurt, M. l'archevêque nomme M. de la Haize.

1749. — M. Gourlier se démet; il est remplacé par un gentilhomme de la famille de Jeanne d'Arc, M. du Lys (1).

1750. — M. de la Haize se démet; M. l'archevêque nomme le chapelain de Mesdames de France, M. Machelard. *v.*

1750. — M. Charcot meurt, remplacé par un maitre gascon, M. Gautier.

1751. — M. Gueau, ancien chantre et chanoine; un ex-oratorien le remplace le 29 mars, M. Marion. *c.*

1751. — M. Prunières, par sentence de Melun, est obligé de rendre le canonicat à M. Guenyard, prévôt.

1752. — M. de la Sauvagère meurt, après avoir résigné à M. Lecourt.

1754. — M. Hubard meurt, en sa place M. L'Eschandel.

(1) Henri-François de Colombe du Lys, mort le 29 juin 1760, était en effet, d'après le P. Lélong et A. Barbier, le dernier représentant de cette famille, collatérale de Jeanne d'Arc.

1755. — M. L'Eschandel se démet en faveur de M. Moreau.

1760. — M. du Lys meurt à Paris. M. l'archevêque nomme M. Duval. *v.*

1763. — M. Clouet meurt, soupçonné de jansénisme. Difficultés pour le mettre en terre sainte. On nomme M. Saint-Germain, qui ne prend pas possession ; à son refus on en revêt un gentilhomme, M. de Chazal.

1764. — M. Moreau est remplacé par M. Blondel.

1764. — M. Chandon mort, on donne le canonicat à M. Duboui de Duras *v.* et la chantrerie à M. Jardin, *v.* déjà chanoine.

1766. — M. Jardin, chanoine et chantre, se retire à Paris. On donne le canonicat à un secrétaire, M. Braut, et la chantrerie à M. Machelard. *v.*

1767. — M. Cerveau meurt, l'Abbé de Saint-Victor nomme M. Aubéry.

1767. — M. de Chazal résigne à un prêtre du diocèse de Châlons, M. Varnier.

1760. — M. Brault se démet, on lui substitue M. Fauvel, du diocèse de Bayeux.

1769. — M. Machelard se démet, on nomme M. de Vige de Drouilly, *c.* né le 24 novembre 1715 (prit possession le 10 mai).

1769. — M. Varnier cède son canonicat à

M. l'archevêque, qui renomme le 10 juillet M. Machelard.

1772. — M. Dubouy permute avec M. Lecrosnier. *v.*

1772. — M. Lecourt meurt ayant résigné à son neveu, simple tonsuré, M. Guyart.

1773. — M. Guenyard, chanoine et prévôt, meurt. Le canonicat passe à M. Moreau, *c.* né le 5 mai 1718, et la prévôté à M. Vidal, né le 9 mars 1737.

1773. — M. Gautier meurt, M. l'archevêque nomme un de ses secrétaires, M. Drouard, né le 11 juillet 1736. *c.*

1773. — M. Duval se retire à Corbeil (1) ; on nomme à sa place M. Bouziques.

1773. — M. Fauvel, nommé à une abbaye, meurt à 68 ans, le 5 septembre ; on attend jusqu'au 18 février 1774 à nommer M. de Vergès.

1773. — M. Aubéry meurt le 22 octobre. L'Abbé de Saint-Victor nomme le 28 M. de la Girardière.

1774. — M. Blondel meurt, on nomme M. de Fumel, qui remet sans prendre possession ; on

---

(1) Il existe un petit portrait gravé du chanoine Duval.

nomme de rechef M. Ducardonnoy, fils du doyen du grand conseil.

1774. — M. Machelard, chanoine et chantre, se démet; on nomme au canonicat un homme de 30 années de cure à Corbeil, M. Barbier, c. né le 22 septembre 1710, installé le 12 octobre 1774, et à la chantrerie, au refus de M. Lecrosnier, M. Moreau, déjà chanoine. c.

1774. — M. Bouziques résigne à un jeune homme, M. Garrobert, qui le transmet, sans prendre possession, à un sous-diacre de Paris au mois de mars, lequel attendit pour être installé, faute de visa, jusqu'au 23 octobre; c'est M. Richebourg, né le 19 octobre 1750. c.

1774. — M. Lecrosnier se retire à Paris; M. l'archevêque donne le canonicat à un diacre de Paris né le 12 mars 1746, installé le 5 décembre 1774; je veux dire M. Séguier, parent de M. l'avocat général. c.

1775. — M. Guyart meurt au mois de janvier; son canonicat est requis par M. Fiquet, qui prend possession le 13 février; il est supplanté par un plus ancien gradué, M. Villetard, né le 11 mai 1714. c.

1775. — M. de Vergès, ne pouvant se plaire à Champeaux, remet son bénéfice à M. l'archevêque, qui tarde à y nommer. On le court en cour de Rome. A la fin le prélat nomme un grand dévôt du diocèse de Toul, M. Credo, né en 1725, qui en prend possession dans le mois d'octobre. Sept mois après il le résigne avec pension à M. Boyer, installé le 25 juin 1776. M. Boyer, pourvu ailleurs, le passe au mois de mai 1777 à M. Soiseau, du diocèse de Bazas, qui en prend possession le 13 février 1778. Alors parait M. Olivier avec ses papiers de cour de Rome ; procès entre lui et M. Soiseau. Au mois d'avril 1780 les parties s'étant arrangées, le canonicat demeura grevé d'une pension à M. Olivier, né le 21 septembre 1728. *c.*

1778. — M. Massart meurt. M. l'archevêque accorde le canonicat aux importunités de M. Cussac, né le 21 novembre 1716. *c.*

1780. — M. Goudemetz à la place de M. Cerveau.

1780. — M. Garnot meurt en mois de grade. M. Fiquet le requiert une seconde fois ; mais il est encore évincé par M. Gallet.

1782. — M. Gallet meurt. M. l'archevêque nomme un de ses secrétaires, M. Gervais, né le 9 juillet 1753. *c.*

1783. — M. Ducardonnoy meurt, et est remplacé par le prévôt, M. Vidal, *c.* installé le 9 septembre.

1783. — M. de Mouchy.

1785. — M. de la Girardière meurt. L'Abbé de Saint-Victor nomme M. Deleurry, installé le 23 août.

Le chapitre de Champeaux dépend immédiatement du siège de Paris. M. l'archevêque nomme à toutes les prébendes ; c'est à lui seul qu'il appartient de faire des règlements qui aient force de loi.

Les chanoines se glorifient du droit de *committimus* aux requêtes du palais ; ils nomment à toutes les chapelles de leur église, qu'il est bon de faire connaître.

Les six grandes chapelles, pour la résidence desquelles on crie depuis des siècles sans rien obtenir, sont : Sainte-Catherine, Saint-Jean-Baptiste, Saint-Pierre, Saint-Esprit, Saint-Domne et Notre-Dame de devant ; les trois grandes chapelles supprimées en 1594 étaient : Sainte-Magdeleine d'Yèbles, Saint-Nicolas et Saint-Denis.

On compte *intra parietes* six petites chapelles : Sainte-Fare, Saint-Michel, Saint-Laurent, Saint-Sulpice, Saint-Nicaise, Notre-Dame de derrière ; *extra parietes* : Saint-Léonard près Champeaux,

Saint-Eloi près d'Andrezel et Saint-Julien de Rouvray (1).

L'endroit où se tient le chapitre est remarquable par les scènes hebdomadaires qui s'y donnent : *Quos ego... sed motos præstat componere fluctus.* Le chapitre général est toujours fixé au lendemain de Saint-Martin 5 juillet. C'est là qu'on doit assister sous peine, après trois appels, d'être déclaré contumax. Une fois ce terrible mot prononcé, plus de grâce, plus de rémission à attendre. Le chantre y fait *ex cathedrâ* une verte réprimande à tous les suppôts du chapitre, puis on procède à la nomination des charges.

Les cures qui dépendent de Champeaux n'étant soumises à aucun archidiacre, le chapitre, à la mort d'un curé, commet un desservant jusqu'à ce qu'il y ait un titulaire de nommé.

---

(1) L'existence de ces trois chapelles *extra parietes* remontait au xiiie siècle :

Celle de Saint-Léonard ou Saint-Liénart fut l'annexe d'une maladrerie existant à la porte de Champeaux et qu'on réunit à l'Hôtel-Dieu de ce bourg en 1695.

La chapelle Saint-Eloi, située à la Borde d'Andrezel, avait été fondée en 1236; Jacques Viole, seigneur d'Andrezel, l'avait reconstruite à la fin du xvie siècle.

La chapelle Saint-Julien de Rouvray, près Mormant, était une fondation de Jehan de Lespoisse, en 1296.

L'église paroissiale du lieu, sous l'invocation de la Sainte Vierge, touche de très près à la collégiale; c'est sûrement qu'on n'a pas voulu séparer la fille de la mère. Le curé, tout en titre qu'il soit, n'est repris dans les actes capitulaires que sous la dénomination de vicaire perpétuel. Il n'a pas le droit de bénir les rameaux, ni les cendres, ni les fonts, ni de faire aucune procession. Le chapitre fait tout cela pour lui, en sa qualité de curé primitif. Comme chapelain né de la grande église, il a la liberté d'y assister en aumuce et en camail, quand bon lui semble.

La dotation de la cure est du XIIIe siècle. Les chanoines paient un gros au curé, après quoi toute la graisse de la terre est pour eux.

La grande tombe qui est à l'entrée du chœur représente, dit-on, un chanoine de Saint-Victor qui n'était que diacre (1). Les chanoines Aufroy et Allant ne se sont pas contentés de laisser du

---

(1) La belle dalle à l'effigie du diacre Hugues, mort en 1267, est maintenant dressée contre la clôture méridionale du chœur; elle mesure 3 mètres de hauteur sur 1ᵐ35, et est entourée d'une épitaphe qui consiste en six vers latins, cinq hexamètres et un pentamètre. — Le dessin en est reproduit dans les *Inscriptions de l'ancien diocèse de Paris*, t. V, p. 2.

bien à la collégiale pour faire prier pour eux après leur mort, ils ont encore signalé leur bienfaisance envers la fabrique. Leurs tombes sont dans le chœur de la paroisse. On voit aussi une donation faite en 1687 par Marc Roger, natif [de Champeaux, prêtre, ancien clerc semi-prébendé en la sainte chapelle royale du Vivier. Une femme de Beaugency, étant venue apporter ses os dans cette église en 1636, a laissé de quoi prier pour elle. M. Legendre, écuyer, seigneur du fief de Neuvy (1), y a été enterré en 1777, de même qu'un bénédictin de Saint-Germain-des-Prés, mort subitement pendant ses vacances à Champeaux, en 1775.

Les bergers de la Brie sont en possession d'honorer à leur manière la naissance du fils de Dieu. Ils ont choisi cette année la paroisse de Champeaux pour faire leurs évolutions. Une foule prodigieuse de monde fut attirée par la nouveauté de ce spectacle. Leur jeu ne commence qu'à l'offertoire de la messe de minuit. On les voit alors, guidés par une étoile qui remue au haut de la voûte par un fil de fer, défiler pour

---

(1) Antoine Legendre, écuyer; sa veuve, Marie de Ville, continua de résider à Champeaux.

faire chacun leur personnage. Celui-ci, frisé, poudré, porte à l'offrande un agneau vivant dans un plat, lui pinçant l'oreille pour le faire bêler ; celui-là est armé d'une branche de houx, voulant signifier l'arbre de vie. Les deux plus robustes ont sur leurs épaules une crèche fort bien sculptée, dont le bœuf et l'âne sont les arcs-boutants. D'un côté sont des joueurs de cornemuse qui fredonnent des noëls, de l'autre des enfants cachés dans un coin leur répondent par des chants discordants. Après cela paraît sur l'horizon une bergère vêtue d'un blanc sale, chargée de rubans, et une quenouille à la main. Un berger court au devant d'elle, la prend par la main et la conduit à l'offrande en faisant gesticuler sa houlette, comme ces joueurs de bâton. Les autres bergers, habillés d'une manière grotesque, viennent à la file et c'est à qui fera plus de génuflexions, plus de grimaces, plus de singeries et plus de contorsions. Le peuple qui se repait de ces mascarades et le prêtre qui les souffre dans l'église n'ont apparemment lu ni l'un ni l'autre le canon du concile de Narbonne de l'an 1609, qui dit : *Non fiant in Ecclesiis aliqua indecentia, uti repræsentatio prophetarum, aut pastorum in nocte natalis Domini, et cantus prædictionum sibyllarum.*

Il est d'usage, quand une fille se marie, d'apporter sur l'autel de la Sainte Vierge une quenouillée qu'elle a filée elle-même.

Les offices de la paroisse doivent toujours être dits avant ceux de la collégiale. Je ne dis rien de cette église, parce qu'il n'y a rien à en dire (1).

Les armes du chapitre sont un Saint-Martin crossé et mitré dans un champ de fleurs de lys. L'église porte le glorieux titre de royale sans trop qu'on sache le comment et le pourquoi (2). Le nombre de maisons canoniales n'est pas proportionné à celui des chanoines. On acquiert ces maisons par rang d'ancienneté, moyennant 20 écus de loyer.

Faisons maintenant un tour dans les environs.

La première chose qu'on jette à la tête des curieux, c'est la célèbre fontaine de Varvanne.

---

(1) Cet édifice, détruit peu de temps après la Révolution, n'offrait aucun intérêt au point de vue architectural.

(2) Le chapitre collégial de Champeaux n'était pas en effet de fondation royale; aussi cette qualification de chapitre royal n'existe-t-elle pas dans les documents anciens ; elle n'apparaît guère que dans quelques déclarations à terrier du XVII° siècle et en tête d'un inventaire des titres de la communauté dressé quelques années avant la Révolution par Pascal Verdier, féodiste.

On prétend que Louis XIV, admirateur de tout ce qui était grand, vint à Champeaux pour voir cette merveille et qu'il logea dans la maison du chantre. Quoi qu'il en soit, rien n'est plus admirable qu'une fontaine en rase campagne qui fait tourner à sa source un moulin et quatre autres dans l'étendue d'une petite demi-lieue. On fait remonter à l'an 1458 cette riche découverte faite par un nommé Jean L'aumônier. Le temps, qui tout consume, ayant détérioré ce bel ouvrage, les chanoines de Champeaux, seigneurs de la fontaine de Varvanne et autres lieux, firent marché en 1662 avec un fontainier pour la remettre en état.

On peut aller considérer à Malvoisine (1) une nouvelle invention de moulin à blé qui n'a besoin, pour tourner, ni du secours du vent ni du secours de l'eau : le rouage, qui est en fer, est manœuvré par deux chevaux.

Dans un petit castel, aux Vallées, vous trouverez une manufacture de papiers découpés pour

---

(1) Il y avait à Malvoisine, paroisse de Champeaux, une ferme qui appartenait du temps de l'abbé Goudemetz — auteur de ce mémoire — à Mme Le Jarial de Forges, née Nivelle, veuve d'un chevalier de Saint-Louis, chambellan du feu roi de Pologne.

les desserts, dont on fait des envois dans les pays étrangers.

Au château de la Motte-Saint-Merry, appartenant à M. Sarasin de Marèze (1), on voit une magnifique tenture de toile de Jouy de la même pièce et du même échantillon dont la reine a fait meubler un de ses appartements.

Voyez, dans le bois Saint-Martin, un atelier ambulant de faiseurs de sabots.

Les promenades les plus agréables sont celles de la garenne de Saint-Merry, du bois de la Brosse et le long de la charmante vallée depuis la chapelle de Roiblet (2) jusqu'à Blandy. C'est là qu'on voit dans la saison de riches coteaux chargés de pampres verts et des points de vue uniques. Une variété aussi gracieuse à deux pas de Champeaux est un motif bien propre à faire goûter ce séjour.

Je passe maintenant à la seconde partie.

(1) Joseph-Alexandre Sarrazin de Maraize avait acquis la seigneurie de la Motte-Saint-Méry, en 1783, de la famille Picon d'Andrezel ; il est mort maire de la commune de Saint-Méry en 1794.

(2) La chapelle Notre-Dame de Roiblay, près Saint-Méry, était un ancien prieuré remontant au XII° siècle, auquel M. l'abbé Delaforge a consacré une monographie en 1863 (Melun, impr. Desrues, in-12 de 24 p.)

NOTICE HISTORIQUE SUR CHAMPEAUX

Agneric, un des principaux officiers de Théodebert, roi d'Austrasie, avait quatre enfants de sa femme Leodegonde : saint Cagnoald, saint Faron, sainte Fare et Agnetrude. Sainte Fare reçut le voile de religieuse des mains de Gondoald, évêque de Meaux, en 614. La sainte fonda un monastère appelé de son nom Faremoutiers. Après la mort de son père, elle partagea sa succession avec ses frères. Entre les différents héritages que la sainte abbesse légua à ses religieuses par son testament du mois d'octobre 632, elle fit mention de la part qu'elle avait au village de Champeaux : *Dono perpetualiter portionem meam de villa Campellis nomine, quam contra germanos meos accepi, cum mancipiis, vineis, sylvis, pratis, aquis, aquarum ve decursibus sub omni peculio, vel quantum cumque transitus mei illic inveniri potuerint.*

Unde sic argumentor :

On ne peut nier que la collégiale de Champeaux n'ait été fondée sur le domaine propre de sainte Fare ; aussi est-ce avec raison qu'on la regarde comme fondatrice : mais ce domaine a appartenu originairement à l'abbaye de Faremoutiers, à qui il a été légué par le testament de la sainte fait en 632 : il y a donc toute apparence que cette abbaye a dû en jouir pendant plusieurs siècles. Champeaux était peut-être un prieuré conventuel dont les religieuses, pour des raisons qui nous sont inconnues, auront été ou dispersées, ou obligées de revenir au chef-lieu. Des moines probablement auront pris leur place. Avant la sécularisation des chapitres, il est certain que Champeaux n'était pas plus exempt qu'un autre endroit d'avoir des religieux : cela se prouve 1° par plusieurs actes d'abbés qui sont au chartrier ; 2° par des figures d'abbés peintes sur les vitrages du chœur ; 3° enfin par la qualification de moines que les paysans du voisinage donnent encore aujourd'hui aux chanoines de Champeaux.

Cette Eglise n'a point été ingrate envers sa fondatrice, car on l'a toujours honorée d'un culte solennel. C'est par respect pour elle qu'on a toujours fraternisé avec l'abbaye de Faremoutiers.

Il n'y meurt pas de religieuse qu'on n'en fasse un service pompeux à Champeaux et *vice versa*. Le chapitre est encore dans l'usage d'envoyer à Faremoutiers, sur l'invitation de Madame l'abbesse, deux de ses membres à ses frais, une fois l'année, le jour du patron.

Dans quel temps les moines de Champeaux ont-ils été évincés par les prêtres séculiers ou chanoines? Ce ne peut être à coup sûr qu'à la fin du x⁰ siècle ou au commencement du xi⁰.

En 1205 les chanoines de Champeaux, animés de leur première ferveur, supplièrent Odon, évêque de Paris, de les augmenter jusqu'au nombre de vingt-quatre, sur l'exposé d'un accroissement notable dans leurs revenus. Le prélat y consentit; mais, pour empêcher que ce grand nombre ne fût un prétexte de s'absenter plus librement, il ordonna par son décret que chaque chanoine serait tenu de résider pendant huit mois de l'année, *residere et in propria persona desservire* ; et en cas d'absence, soit *studiorum causa*, soit pour pèlerinage (dévotion du temps), soit même pour le service de l'évêque, il serait obligé de mettre un vicaire en sa place moyennant la somme dite et portée dans le décret.

Dans l'histoire de Philippe-Auguste on cite un

fait bien mémorable pour Champeaux. Il y est dit que ce prince, accompagné d'une suite nombreuse, vint occuper le château ou la forteresse de Champeaux. Tout le monde ne pouvant y loger, les uns se réfugièrent chez les chanoines, les autres chez différents particuliers.

En 1352, il y avait une léproserie à Champeaux dans laquelle les habitants du lieu avaient droit d'être reçus conjointement avec ceux de Fouju, d'Andrezel, de Saint-Merry et de Quiers.

En 1414, le 10 mai, le roi Charles VI fait expédier en bonne forme des lettres de garde gardienne, par lesquelles le chapitre de Champeaux est mis sous la protection immédiate du roi. *Dilectos nostros præpositum et capitulum Ecclesiæ collegiatæ Sancti Martini de Campellis in Bria, una cum suis familiaribus hominibus de corpore, si quos habeant, bonis et juribus Ecclesiasticis, temporalibus et mundanis ubicumque in regno nostro existentibus in nostra protectione ac salva et speciali gardia suscipimus et ponimus per præsentes. In cujus rei testimonium,* etc.

En 1469, comme on ne regardait pas de si près qu'aujourd'hui à l'incompatibilité des bénéfices, il n'était pas rare d'en trouver deux ou trois de réunis sur la même tête ; *verbi gratia,* le sieur

Desmonts était en même temps chanoine de Provins et de Champeaux; Guillaume Soyer l'était de Champeaux et de Paris. Legrand possédait, avec sa prébende campellienne, la cure de Blandy, du diocèse de Sens. Denis Garnier était chanoine et curé de Champeaux. L'évêque de Paris, voulant remédier à cet abus, lance un décret fulminant pour obliger les titulaires à une résidence rigoureuse, sous peine de perdre leurs bénéfices.

La plupart des chapelles de Champeaux ont été fondées dans le temps que la ferveur du christianisme portait les seigneurs au delà des mers. Avant leur départ, ces pieux gentilshommes prenaient des arrangements en ce monde, comme s'ils eussent dû partir pour l'autre. De là l'abandon d'une partie de leurs biens en faveur des églises : mais le but de ces fondateurs de chapelles n'a jamais été autre que de charger les titulaires de prier pour le succès de leurs armes et pour le repos de leurs âmes.

En 1594, les chanoines de Champeaux étant en trop grand nombre pour pouvoir subsister, présentèrent une requête au cardinal de Gondy, évêque de Paris, pour le prier, vu le malheur des temps et la modicité de leurs revenus, de supprimer douze prébendes et trois grandes chapelles afin de remettre le chapitre dans son état primordial : à quoi Son Eminence ayant égard, elle lâche aussitôt une ordonnance qui opère la réduction demandée. Le préambule est digne de remarque : *Cum triginta quinque ab hinc annis et ferme amplius omnia per totum hoc franciæ regnum olim florentissimum et christianissimum (proh dolor!) bello civili et hæreticorum rabie diruta et vastata sunt, ab his miseris novissimis calamitosis que temporibus, militum incursionibus, templa incensa spoliata pagi etiam, tota oppida et civitates deserta et inhabitata, agricultura derelicta et agri depopulati sunt atque hinc factum est ut redditus annui Ecclesiæ de Campellis ita sint diminuti et extenuati, tantum abest 24 posse ex eis vivere, qua propter*, etc...

Le cardinal de Gondy ne laissa subsister que 14 prébendes, savoir : 12 pour les chanoines, la 13ᵉ pour Saint-Victor et la 14ᵉ pour la maitrise et les enfants de chœur.

Pendant les guerres civiles du xvɪᵉ et du xvɪɪᵉ siècle, Champeaux souffrit cruellement : le chapitre perdit un grand nombre de titres et autres papiers de conséquence qu'on jeta dans le puits pour les préserver du pillage, mais la plupart devinrent illisibles. Ce puits, depuis lors, a toujours conservé la réputation de recéler un trésor. Le sonneur de la collégiale, voyant arriver un détachement de troupes pour envelopper Champeaux, fut en porter la nouvelle aux chanoines, qui prirent aussitôt la clef des champs. Il alla se renfermer dans la tour comme dans un fort inexpugnable. L'ennemi le somme d'ouvrir les portes de l'église, avec menace de le pendre s'il n'obéit pas. Le sonneur résiste ; un soldat met le feu aux portes, grimpe à la tour, vous happe mon homme et on lui fait passer sur l'heure le goût du pain. La raison du plus fort est toujours la meilleure.

Dans les archives de l'abbaye de Faremoutiers de l'an 1615, on trouve une supplique du chapitre ainsi conçue : « Nous, chanoines de l'église collégiale de Monsieur Saint-Martin de Champeaux, congrégés et assemblés capitulairement en notre chapitre général célébré le 6 juillet dernier, notifions à tous ceux qu'il appartiendra que comme nous eussions par un saint désir, ci-devant verbalement et par écrit, fait requête et prière à très noble et très vertueuse dame Françoise de la Châtre, abbesse de Faremoutiers, et ses très dévotes religieuses, de nous vouloir honorer et favoriser notre Eglise et chapitre de quelque bonne part des saintes reliques de Madame Sainte Fare, notre bienheureuse fondatrice et commune mère, qui reposent et sont gardées précieusement en leur église, etc.; ladite dame abbesse inclinant favorablement à nos vœux, nous a fait passer des reliques de la bonne Sainte Fare, que nous allons faire enfermer dans un reliquaire d'argent; de quoi nous faisons à Madame l'abbesse et à toute la communauté nos humbles et sincères remerciements. En chapitre, sous le sceau de nos armes, le 25 juillet 1615. »

En 1661, les chanoines se partagent entre eux les seigneuries pour en jouir pendant trois ans, ainsi que des droits seigneuriaux et lods et ventes qui n'excéderaient pas cent écus. On adjuge à quatre Champeaux moyennant de payer 80 livres par an. On donne Fouju à un seul, Saint-Merry à deux, les Hauts-Champs à un seul et Quiers à deux autres.

En 1662, les chanoines, vu la stérilité de l'année précédente, prennent la généreuse résolution de renoncer aux fruits de leurs prébendes, et font des remises considérables à leurs fermiers. C'est la première fois peut-être qu'on voit des chanoines vivre de l'air du temps.

En 1662, le chapitre s'assemble, sur la nouvelle d'un mandement envoyé au curé de Champeaux par l'archidiacre de Brie, pour notifier au susdit sieur le jour de sa visite archidiaconale. On se hâte de députer trois chanoines à Paris pour avoir raison de cette atteinte portée aux privilèges du chapitre, qui se dit archidiacre-né de Champeaux. Nos députés pérorèrent si bien que l'archidiacre de Brie demeura bouche close.

Même année, 28 août, on envoie deux chanoines à Paris pour saluer et présenter les respects du corps à M. Hardouin de Péréfixe qui, du siège de Rodez, venait de passer sur celui de Paris.

Même année, 1er novembre, M. de Durand, chanoine de Champeaux, est ordonné prêtre par un *extra tempora* obtenu du pape Alexandre VII, dans l'église des Carmes de la place Maubert, par permission spéciale des doyen, chanoines et chapitre de Notre-Dame de Paris, tant à cause du siège vacant que du jour de la Toussaint.

En 1680, époque des embellissements de cette église. Tandis que le chapitre travaillait à la décoration du temple matériel, M. l'archevêque de Paris s'occupait de son côté d'y faire fleurir le bon ordre et la discipline ecclésiastique. Il enjoignit à deux chanoines de venir faire quelques mois de retraite au séminaire des Bons-Enfants. On soupçonne que ce prélat avait de bonnes raisons pour en agir de la sorte.

En 1697, le 26 septembre, M. le cardinal de Noailles tint un synode à Paris auquel furent convoqués tous les corps ecclésiastiques du diocèse. On commença par appeler les abbés et les prieurs, puis les églises collégiales en cet ordre : Saint-Germain-l'Auxerrois et Saint-Marcel ensemble ; Saint-Honoré et Sainte-Opportune; Saint-Cloud, Saint-Martin de Champeaux, Saint-Maur-des-Fossés, Saint-Thomas du Louvre, Saint-Paul de Saint-Denis, Saint-Spire de Corbeil, Saint-Cosme de Luzarches, Saint-Merry de Linas, Saint-Jacques de l'hôpital, Saint-Nicolas du Louvre. Les sieurs Charbon et Gesu, députés de Champeaux, protestèrent à ce synode, au nom du chapitre, que la marche tenue dans la cérémonie et la vocation faite de Champeaux après Saint-Germain-l'Auxerrois, Sainte-Opportune et Saint-Honoré ne pourraient tirer à conséquence, Champeaux devant avoir le pas sur les dits chapitres. MM. Charbon et Gesu requirent que la présente protestation soit insérée dans le procès-verbal du synode ; desquelles protestation et réquisition, dit M. le cardinal de Noailles, nous avons donné acte aux dits sieurs, quoique cela ne fût pas nécessaire, attendu la déclaration par nous faite que la marche, la séance et la vocation au synode ne pourraient préjudicier à personne.

Par ce fidèle extrait du *Synodicon parisiense* il est aisé de voir que nos chanoines anciens n'étaient pas plus curieux de se laisser marcher sur le pied que ceux d'aujourd'hui.

En 1726, 29 juin, on fait dans cette église les prières ordonnées par le mandement de M. le cardinal de Noailles, au sujet de la résolution prise par Louis XV de gouverner par lui-même.

En 1727 on tient présent par un acte capitulaire M. Lefèvre de Caumartin de Mormant chanoine de Saint-Victor en vertu de cinquante ans de service passés avec édification dans cette église. Il mourut en 1734.

En 1729, déclaration des revenus du chapitre fournie à l'assemblée générale du clergé de France, sur la demande faite par ladite assemblée.

En 1729, 19 mai, service solennel pour le repos de l'âme de S. E. Mgr le cardinal de Noailles.

Même année, 12 septembre, députation à Paris pour complimenter M. de Vintimille, son successeur.

Même année, 18 septembre, messe d'actions de grâces pour la naissance du dauphin, par ordonnance de M. de Vintimille, qui préluda à son ministère par cette flatteuse annonce.

En 1730, M. Loisel, curé de Champeaux, prend possession, pour et au nom de Messire Paul d'Albert de Luynes, évêque de Bayeux, de la chapelle de Saint-Michel fondée dans cette église.

En 1730, M. Geoffroy, acquéreur de la terre de Bombon, paye au chapitre quatre mille francs de lods et ventes.

En 1731, M. de la Châtre, titulaire de la chapelle de Saint-Eloi *prope Andrezellos,* est promu à l'évêché d'Agde; cela ne l'empêche pas de garder toujours son titre.

En 1733, M. l'abbé de Lascaris de Vintimille se présente au chapitre avec les provisions d'un canonicat et une lettre de M. l'archevêque dont voici la teneur :

« M. l'abbé de Lascaris, Messieurs, va pour se mettre en possession du canonicat que je lui ai conféré dans votre Eglise; très disposé à mériter quelque part dans l'honneur de votre amitié, en travaillant de son côté pendant le temps que ses études le tiendront absent, à vous rendre les services et les sollicitations dont il pourrait être capable. Je vous demande pour lui qu'il ait part dans vos bonnes grâces, et je vous donne en sa personne un garant des dispositions où je serai toujours de vous marquer la considération avec laquelle je suis, Messieurs, etc.

† Ch., arch. de Paris. »

En 1736 M. Cerveau, chanoine victorin, se charge de rédiger le propre de Champeaux, pour lequel il obtient la sanction de l'ordinaire.

En 1740 on défère au chapitre le cas d'un chanoine qui gardait chez lui une servante, atteinte et convaincue de scandaliser le public par de noires calomnies et des injures atroces qu'elle débitait sans pudeur et sans aucune bienséance contre des personnes respectables par leur rang et par leur caractère ; ainsi qu'il appert par plusieurs sentences rendues à la prévôté de Champeaux et par un arrêt du parlement, signifié et mis à exécution par corps contre ladite servante : après des preuves si évidentes de sa culpabilité, on avait lieu de croire que son maitre la mettrait à la porte ; mais quel est l'étonnement du chapitre en voyant que le maître vient de la recevoir chez lui, après avoir été contraint de la congédier et avoir feint d'employer contre elle le bras séculier. On pense donc qu'une plus longue tolérance envers le chanoine recéleur ne ferait qu'accroître contre le corps l'indignation publique ; c'est pourquoi on arrête que l'entrée du chœur sera interdite audit sieur, ainsi que l'assistance aux assemblées capitulaires tant qu'il donnera retraite à la fille. On finit par le menacer d'en donner avis à M. l'archevêque et par donner ordre au procureur fiscal d'informer.

Ce foudroyant arrêt était à peine lâché que le chanoine en question, honteux d'avoir soutenu le vice au grand scandale de Champeaux, se présente au chapitre les larmes aux yeux et le repentir dans le cœur ; il déclare à ses confrères qu'il vient de renvoyer pour toujours sa servante, l'unique cause des chagrins cuisants qui le dévorent ; il les prie de lui rendre leurs bonnes grâces, d'oublier tout le passé, et de lever l'interdit lancé contre sa personne : à quoi le chapitre se prête de la meilleure grâce du monde.

En 1740, 4 décembre, mandement de M. l'archevêque, qui ordonne l'exposition du Saint-Sacrement avec des prières de quarante heures, pour faire cesser les débordements des rivières et l'abondance excessive des eaux du ciel.

En 1741 les chanoines, touchés du grand nombre de nécessiteux, font distribuer du blé aux habitants de Champeaux, Fouju et Saint-Merry. Qu'on dise après cela que les prêtres ne sont pas donnants.

En 1744 on solennise les prières de quarante heures dans cette église pour le succès des armes du roi.

En 1745, mandement de M. l'archevêque de Paris, qui ordonne un *Te Deum* pour la célèbre bataille de Fontenoy.

En 1747, deux députés du chapitre vont féliciter M. de Beaumont sur son avènement au siège de Paris. Voici une ode adressée à ce prélat, le jour de son installation :

> Loin de moi, profane harmonie,
> Dont les vaines illusions
> De la Grèce et de l'Ausonie
> Eternisent les fictions :
> Une plus noble ardeur m'entraîne,
> O ciel! la lumière soudaine
> Pénètre, agite tous mes sens.
> Religion! ta voix m'inspire;
> Zèle saint! tu montes ma lyre,
> Vérité! règle mes accents.
>
> Quels jours de triomphes et de fêtes
> Succèdent à ces jours d'horreur,
> Où sur les plus illustres têtes

La mort signalait sa fureur.
Vintimille expirait à peine,
Qu'on a vu la faux inhumaine
Levée encore sur l'autel.
Arrête, monstre sanguinaire...
Bellefond entre au sanctuaire,
Il y reçoit le coup mortel.

Tranquille au sein d'une province,
Aussi modeste que pieux,
Beaumont éloigné de son prince,
N'est pas moins présent à ses yeux.
A de saints devoirs attachée,
Plus la vertu se tient cachée
Dans l'ombre de l'humilité,
Et plus un ministre fidèle
Sait lui préparer avec zèle
Le haut rang qu'elle a mérité.

Ce prélat qu'avec confiance
Louis, guidé par l'Eternel,
Chargea dans l'Eglise de France
D'un soin pénible et paternel,
De la faveur et du caprice,
De la brigue et de l'artifice
N'écoute les lois ni les vœux :
Quand pour Beaumont sa voix s'explique,
Ce choix dans l'estime publique
Fait l'éloge de tous les deux.

Dons prodigués de la fortune,
Grands noms, suprêmes dignités,
Souvent votre éclat m'importune,
Vous blessez mes yeux irrités :
Tel par l'orgueil dont il m'accable,

Dégrade un titre respectable,
Avilit un illustre sang.
Beaumont, aux yeux même du sage,
Relève le double avantage
De la naissance et du haut rang.

Qu'entends-je ? De ce rang sublime
Bien loin que l'éclat t'ait charmé,
De ta réponse magnanime
Trois fois Paris est alarmé.
Mais plus il craint, plus il t'admire.
Beaumont, cède enfin à l'empire
Du Dieu qui règne dans ton cœur;
Telle est sa volonté suprême,
Et par la voix de ton roi même
De tes refus il est vainqueur.

Tu devais à la capitale
L'usage heureux de ces talents
Dont la nature libérale
Enrichit tes plus jeunes ans ;
Ce pur amour de la justice,
Qui loin des sentiers du caprice
Est guidé par la charité ;
Cette douceur persuasive,
Lien des esprits que captive
Ton aimable affabilité.

Vous qu'à regret il abandonne,
Calmez votre juste douleur :
Quand la Providence l'ordonne
Il se doit à notre bonheur.
A peine il parut dans vos villes
Qu'on vit dans ces heureux asiles
La religion refleurir.

Ici de la foi chancelante
Sa main ferme autant que prudente
Sauve un reste prêt à périr.

Monstre qui, du trompeur sophisme,
Armant tes sacrilèges mains,
Sous les drapeaux du pyrrhonisme
Voudrait ranger tous les humains.
Vainement le nom de Dieu même
Sert à déguiser le blasphème
Que tu prononces contre lui.
Fuis : Beaumont vient, par sa présence,
Réprimer l'affreuse licence
Dont tu fus la source et l'appui.

C'est l'innocence de sa vie
Qui confondra tes sectateurs,
Qui bravera la calomnie,
Dernier recours des novateurs :
Il sait que l'erreur et les crimes
Par les plus augustes maximes
Seraient faiblement combattus,
Et qu'un vrai ministre du temple
Corrige les mœurs par l'exemple
Et les vices par les vertus.

En 1751, un procureur, faisant une livraison de grains, ayant été insulté par le domestique d'un de ses confrères, en fait des plaintes amères au chapitre qui prend aussitôt fait et cause : on oblige capitulairement le domestique à faire des réparations d'honneur convenables à l'offensé, et comme membre du corps et comme revêtu d'un caractère public. Le coupable, bien loin de se soumettre, poursuit le chanoine en justice réglée. Le chapitre intervient dans l'instance pendante au bailliage de Melun. L'affaire devient majeure. M. l'archevêque, instruit de l'intervention du chapitre dans une querelle de particulier à particulier, lui fait sentir tout le ridicule d'avoir donné les mains à ce que cette dispute retentit dans les tribunaux séculiers. Le prélat exhorte les deux parties à se désister mutuellement de leurs chefs d'accusation avec compensation de frais ; ce qui fut exécuté.

En 1753 une sentence des requêtes du palais accorde au chapitre l'option d'aller en corps ou par députation célébrer la messe patronale à Fouju.

En 1758 M. le cardinal de Luynes, archevêque de Sens, donne la démission pure et simple de sa chapelle de Saint Michel fondée en cette église.

En 1765 M. le comte de Saint-Florentin, duc de la Vrillière, ministre et secrétaire d'Etat, écrivit au chapitre la lettre suivante :

« M. l'abbé de Chazal, chanoine de votre église, Messieurs, est malade à Paris, et suivant les certificats de son médecin qui est fort connu et estimé, sa maladie exige des soins suivis pendant du temps. Comme il n'a pas d'autre bien que le revenu de son bénéfice, qui est modique, il désirerait que vous voulussiez bien le tenir présent pendant le reste de cette année. Plusieurs personnes de considération s'intéressent à lui, et il y a quantité d'exemples de la grâce qu'il demande dans des circonstances de maladie dont la cure ne pourrait être prompte.

» On ne peut vous être, Messieurs, plus parfaitement dévoué que je le suis.

« Saint-Florentin. »

Suit la réponse du chapitre :

« Monseigneur,

» Nous sommes sensiblement mortifiés d'avoir été obligés de différer à répondre à la lettre que vous nous avez fait la grâce de nous adresser. Nous vous supplions de recevoir avec bonté nos très humbles excuses et les assurances de notre parfaite soumission pour tout ce qu'il vous plairait de nous ordonner. Nous serions très flattés, Monseigneur, de marquer notre considération et les respectueux égards que nous devons aux personnes qui s'intéressent à M. de Chazal, notre confrère, mais nous ne pourrions lui accorder ce qu'il désire sans donner atteinte à nos règles regardées jusqu'à présent comme inviolables, et sans ouvrir la porte à des abus qui ne manqueraient point de se multiplier. Insensiblement notre église deviendrait déserte, le service divin languissant et les offices du chapitre ne seraient pas remplis. La résidence, Monseigneur, a toujours passé ici pour un devoir si étroit, que, pour mieux engager à l'observer, le gros de nos prébendes a été supprimé et tous les revenus convertis en distributions auxquelles ne participent que ceux qui assistent réellement à l'office. Les malades sont exceptés pourvu qu'ils soient dans le lieu et non ailleurs. Cette exception rigoureuse a de tout temps été jugée nécessaire pour obvier à des maladies de commande et aux certificats mendiés qu'il ne serait pas bien difficile d'obtenir. Nous osons espérer, Monseigneur, avec toute la confiance qu'exigent de nous votre justice et votre équité, que vous approuverez que notre chapitre n'étant dépositaire de ses statuts que pour les faire observer, il ne se croie point en droit d'en dispenser sans une juste et évidente nécessité.

» Nous avons l'honneur d'être, etc... »

En 1766 (13 janvier), service des plus solennels à l'intention de M. le Dauphin mort à Fontainebleau. L'année suivante on rendit dans cette église les mêmes honneurs funèbres à Madame la Dauphine.

En 1770 on fait l'ouverture du jubilé par une messe solennelle à laquelle le curé de Champeaux est prié d'assister avec ses paroissiens.

En 1773, sur les représentations faites par les vieux chanoines combien il était incommode d'aller à matines à six heures en hiver, on statue qu'à l'avenir on ne les dirait plus qu'à sept heures depuis la Toussaint jusqu'à Pâques.

En 1774, mandement de M. l'archevêque de Paris qui ordonne un service solennel pour le repos de l'âme de Louis XV.

La coutume de sonner les cloches de la collégiale et d'entrer dans l'église avec fifre et tambour après la moisson s'étant abusivement introduite, on arrête en 1776 que cette coutume n'aura plus lieu dans la suite.

En 1780, vu l'inconvénient qu'il y avait de dire matines le jour même des grandes fêtes, on opine, à la pluralité des voix, de les transporter la veille, seulement ces jours-là, c'est-à-dire à 4 heures du soir en hiver et à 5 heures en été.

En 1781 on chante dans l'église collégiale de Champeaux un *Te Deum* à voix pleines à l'occasion de la naissance de M. le Dauphin, fils de Louis XVI.

En 1782 les vicaires généraux de Paris prescrivent, dans une ordonnance *sede vacante*, les devoirs à rendre à Illustrissime et Révérendissime Christophe de Beaumont mort le 13 décembre 1781. Ce prélat avait été fait comte de Lyon en 1732, évêque de Bayonne en 1741, archevêque de Vienne en 1745, archevêque de Paris en 1746, commandeur des ordres du roi en 1748, duc et pair de France au parlement le 22 décembre 1750.

En 1782 (21 janvier), on n'eut pas plus tôt achevé le *Libera* pour M. de Beaumont qu'on fut complimenter à Paris son successeur, M. de Juigné, qui quittait le siège de Châlons-sur-Marne. On a remarqué que M. le cardinal de Noailles avait été également tiré de Châlons pour être assis sur le premier siège du royaume.

En 1783, le 11 mai, M. l'archevêque commença par Champeaux la visite de son diocèse. Depuis M. de Noailles il n'y avait point eu ici de visite de cette espèce. M. l'archevêque donna la confirmation dans la collégiale, comme capable de contenir plus de monde ; après quoi il accepta le diner que le chapitre avait eu l'honneur de lui préparer.

Même année, 28 décembre, les projets de paix s'étant réalisés vis-à-vis de la France et de l'Angleterre, et entre les Anglais et les Américains, on chanta, le jour ci-dessus indiqué, à Champeaux, un *Te Deum* de reconnaissance et d'action de grâces.

En 1784, fondation d'une maîtresse d'école à Champeaux par un vénérable chanoine du diocèse de Saint-Flour. Consulter le n° XIII de *la Chapitromachie* (1).

En 1785, *Te Deum* chanté pour la naissance de M. le duc de Normandie, second fils de France.

En 1785, le 18 mai, on commence à Champeaux, par ordre de l'ordinaire, des prières qui devenaient très urgentes à cause de l'extrême opiniâtreté de la sécheresse.

Après cette longue suite d'époques, je ne puis décemment omettre plusieurs personnages illustres qui ont fait un honneur immortel au chapitre de Champeaux.

Guillaume de Champeaux, ainsi nommé du lieu

---

(1) Sous ce titre, le chanoine Goudemetz avait composé un poème satyrique des plus amusants. Le manuscrit en est disparu.

de sa naissance, ayant embrassé l'institut des chanoines réguliers de Saint-Victor de Paris, donna encore un nouvel éclat à cette réforme. Il avait enseigné à Paris la rhétorique, la dialectique et la théologie avec une grande réputation. C'est ce même homme dont Abailard fut le disciple et ensuite l'émule. Quoique Guillaume de Champeaux eût quitté le monde, il n'en était point oublié pour cela, et sa réputation s'était même augmentée par le même motif de perfection qui l'avait fait quitter son canonicat de Champeaux par amour pour le cloitre. On crut qu'il serait infiniment plus utile à l'Eglise si on l'élevait à l'épiscopat : on le tira de Saint-Victor pour en faire un évêque de Châlons-sur-Marne vers l'an 1113. Il mourut en 1121.

On trouve encore dans les fastes de cette Eglise un second Guillaume de Champeaux dont on ne sait d'autres particularités que d'avoir été évêque de Laon sous Charles VI et Charles VII et d'avoir baptisé Louis XI à Bourges en 1423.

Antoine Sanguin, ayant été nommé chanoine de Champeaux, donna assez à connaitre que ce n'aurait point été là son *nec plus ultra*; en effet à peine fut-il assis sur les stalles de Champeaux qu'il parvint aux premières dignités de l'Eglise et au cardinalat sous le nom du cardinal de Meudon

Etienne Poncher, mort archevêque de Tours en 1552, avait été *ab incunabulis* chanoine de Champeaux.

Benjamin de la Villatte, auteur de la *Vie de Sainte Fare* en prose et en vers, atteste que les chanoines de Champeaux savaient s'occuper autrefois. La Villatte était encore auteur du poème intitulé : *L'Ermitage chrétien*.

Martin Sonnet, mort en 1679, avait composé des mémoires historiques avec un bréviaire et un missel du diocèse.

Etienne de la Barre, évêque d'Angoulême, prit son essor de Champeaux pour monter aux honneurs.

Alexandre Lascaris de Vintimille ayant été nommé à 14 ou 15 ans à une prébende de cette Eglise par M. l'archevêque de Paris, son parent, ne fit pour ainsi dire que se montrer à Champeaux : il fut bientôt pourvu plus avantageusement ailleurs. En 1759 il fut sacré évêque de Toulon où il est encore siégeant.

N'ayant plus rien à dire de Champeaux, je peux emprunter ce vers du prince des poètes latins :

Claudite jam rivos, pueri, sat prata biberunt.

HISTOIRE DES ENVIRONS DE CHAMPEAUX

DÉCEMBRE 1785

BARBEAUX

Cette riche abbaye de l'ordre de Citeaux est sur le bord de la Seine, non loin de Fontainebleau (1). Dans le titre de sa fondation elle porte le nom de *Sacer portus*, de *Sequane portus* ou

---

(1) Des ermites avaient établi au bord de la Seine, entre Melun et Corbeil, une chapelle de Saint-Acyre (aujourd'hui sur la commune de Seine-Port), qu'ils cédèrent à l'abbaye de Preuilly en 1145, à condition d'y construire un monastère qui prendrait le nom de Saint-Port. Louis VII accorda à cette fondation le titre d'abbaye en 1147, et le premier abbé fut un moine de Preuilly nommé Martin. Dès 1156 le couvent était transféré à Barbeaux, sur un emplacement donné par le roi, toujours au bord de la Seine, mais situé entre Melun et Fontainebleau (aujourd'hui commune de Fontaine-le-Port). — En 1500 on l'appelle encore, dans quelques titres, monastère de Notre-Dame de Saint-Port, dit de Barbeaux.

Barbellus. La tradition universellement répandue sur les lieux publie, avec autant d'assurance que si c'était vrai, qu'elle a été bâtie du prix d'une pierre précieuse trouvée dans un barbeau qui fut pêché dans la Seine. Le roi Louis VII, autrement dit Louis le Jeune, la fonda en 1147. Une charte de ce prince de l'an 1160 porte : « Louis, par la grâce de Dieu roi des Français, savoir faisons que nous avons donné en aumône au monastère et aux frères du port de Seine, afin qu'ils prient sans cesse le Seigneur pour nous et pour le repos de notre âme et de celles des rois nos prédécesseurs, deux arpents de terre et notre clos de vignes de Fontaines. Fait en public dans notre palais de Fontainebleau, etc... »

Le corps de ce prince fut inhumé dans l'église de Barbeaux, où la reine Adèle, son épouse, lui éleva un mausolée orné d'or, d'argent et de perles. On lit sur son tombeau cette singulière épitaphe :

Qui modo sum modicus cinis, olim rex Ludovicus,
    Dum terris præera terra futurus cram.
Sed licet auferre sua non valeat caro terræ,
    Servat perpetuum spiritus esse suum.
Parce mihi Domine qui finis es, et sine fine,
    Quem sine principio : quem sine fine scio.
Jam transcendo fidem, quia nam scio credita pridem,

More suo patriæ credita more viæ.
Hoc mihi scire dedit, quem vita scit, et via credit,
 Quem via credit, eum, vita scit esse deum.
Elegisse leges alios loca regia reges.
 Huic magis elegi pauper inesse gregi.
Pauperes ut memores melius sint pauperiores,
 Gaudeo pauper homo pauperiore domo.

Charles IX, étant à Fontainebleau, eut la curiosité de faire ouvrir le tombeau de Louis le Jeune (1) : on y trouva son corps presque tout entier et ses ornements royaux à demi consumés par la pourriture. Il avait des anneaux aux doigts et une croix d'or au cou. Le roi et les princes du sang, qui se trouvèrent là présents, les prirent pour les porter en mémoire d'un si bon et si religieux prédécesseur.

L'abbaye de Barbeaux, forte autrefois de 40 à 50 religieux, est réduite presque à rien, pour le nombre s'entend, car pour les revenus, ils sont plus que quadruplés (2). On peut dire à la louange de ces messieurs qu'ils font très bien les honneurs de chez eux, jusqu'à même s'endetter pour mieux recevoir leur monde. Si la

(1) La sépulture de Louis VII, sauvée à la Révolution, a été transportée à Saint-Denis en 1817.
(2) Le revenu était de 20,000 livres au XVIIIe siècle.

commission, qui avait ci-devant empoigné les bernardins, eût réussi dans ses projets, c'eût été un fier rabat-joie pour Barbeaux. Malgré que ces religieux ne soient pas plus assurés que de raison d'une bien longue existence et qu'ils ne soient pas très pécunieux, ils ont, dit-on, dessein de consacrer cent mille écus à l'édification d'un nouveau monastère. J'aimerais bien mieux à leur place user le leur et suivre cet axiome : Qui vivra verra.

L'église de Barbeaux se sent de l'ancienneté de sa bâtisse (1). Le chauffage de la maison se prend dans la forêt de Fontainebleau. Le clos de vigne est en état de suffire à l'approvisionnement de quatre maisons comme celle-ci, puisqu'il est de fait que dans une bonne année on y récolte jusqu'à 400 pièces de vin. Les plaisirs du roi sont trop près pour qu'on se permette la chasse. Un religieux, il y a quelques années, s'étant adonné à cet amusement, a trouvé qu'il n'était point innocent à l'ouverture d'une lettre de cachet qui l'exilait, pour ce seul port d'armes, dans une de ses maisons fort éloignées.

(1) Cette église avait été consacrée au mois de mars 1178; elle a été détruite à la Révolution.

Le trésor de Barbeaux renferme force reliquaires et force présents de nos rois. On trouve encore à présent vingt-deux calices d'argent qui prouvent que c'était anciennement une maison-mère. Les appartements, tant des hôtes que des moines, sont d'une propreté, j'ai presque dit d'une mondanité étonnante.

LE LYS

Blanche de Castille, reine de France et mère de saint Louis, fonda à une demi-lieue de Melun, sur le bord de la Seine, une abbaye de filles sous le nom de Notre-Dame du Lys. Elle y appela en 1244 des religieuses de l'ordre de Citeaux. Saint Louis ratifia cette royale fondation en 1248; il augmenta même la dot de cette maison, de manière à la faire souvenir longtemps de ses augustes bienfaiteurs.

Ne pouvant pénétrer dans l'intérieur de ces révérences cloitrées, je ne puis parler que de ce qui parait aux yeux, comme la façade de l'abbaye et l'église.

Sur la grande idée que je m'étais formée du Lys, je m'attendais à voir des bâtiments immenses, des édifices somptueux, un extérieur magnifique : rien de tout cela ne s'offrit à moi. Une entrée fort modeste, une façade qui ne l'est pas moins, voilà tout le Lys. Le seul corps de logis passable a été élevé par M. de Luynes pour y loger Son Eminence, les chapelains de l'abbaye et les étrangers.

L'église, par exemple, s'annonce beaucoup mieux (1). Sa hauteur et sa blancheur sont admirables ; ce qui rend encore ce temple bien majestueux, ce sont les dix-huit à vingt marches qui sont comme autant d'échelons pour parvenir à l'autel. Quant à la décoration du sanctuaire, en disant que c'est une église de religieuses, c'est tout dire. Le soleil est d'une beauté parfaite. La reine. mère de Louis XIV, a donné plus de soixante diamants pour l'enrichir. Le roi Philippe le Bel fit cadeau au Lys de deux os du bras et du cilice de saint Louis, qu'on y a toujours conservés avec une extrême vénération (2).

(1) On voit encore, dans la commune de Dammarie-les-Lys, les ruines de l'église abbatiale du XIII° siècle et, dans le même enclos, le logis construit par M. de Luynes, maintenant transformé en maison bourgeoise.

(2) Le cilice de saint Louis est aujourd'hui conservé partie à Meaux, partie à Melun ; un fragment de cette relique a été donné en 1891 à l'église de Dammarie.

La reine Blanche ayant fondé, comme je viens de le dire, cette abbaye en 1244; on comptait, vingt-quatre ans après, plus de cent vingt religieuses. Le cœur de cette reine fut rapporté au Lys. En 1303 on inhuma dans cette église, avec la plus grande pompe, le corps d'Eudes, comte de Bourgogne. On voit, sur un marbre collé contre un pilier, une donation faite au Lys par quelqu'un de la maison de Colbert dans le temps même qu'une religieuse de ce nom en était abbesse (1).

On rapporte à l'année 1358 les désastres arrivés au Lys par l'armée combinée des Anglais et des Navarrais (2).

Ces religieuses, déchues de leur première ferveur (car où le relâchement ne se fourre-t-il pas?), eurent besoin d'être rappelées à leurs devoirs primordiaux; on introduisit donc la réforme au Lys. Peu de temps après, mécontentes du gouvernement de Citeaux et assurées des dispositions de l'archevêque de Sens, elles présentè-

(1) Claire-Cécile Colbert, sœur du ministre, abbesse de 1678 à 1698.
(2) Le couvent fut fortifié en 1359 par ordre du régent, pour le défendre contre les Navarrais qui occupèrent le château de Melun.

rent une humble requête au pape pour être assujetties au prélat diocésain. Le Souverain Pontife ne fit pas de difficulté de leur envoyer un *concessum ut petitur* (1).

Ce fut à l'abbaye du Lys que M. de Gondrin, nommé à la coadjutorerie de Sens, fut sacré archevêque *in partibus*. Ce sont toujours des religieuses de haute volée qu'on met à la tête de cette maison.

L'histoire du pays attribue tous les avantages dont jouit l'abbaye du Lys à deux demoiselles de condition qui possédaient de grands biens autour de Fontainebleau et qui se firent religieuses au Lys. Ces biens ayant été acquis par nos rois, on s'engagea de fournir à cette maison tout le bois qui lui serait nécessaire et tout le sel dont elle aurait besoin. Avant que Fontainebleau fût érigé en capitainerie, ces religieuses avaient droit, quoiqu'elles ne pussent sortir, de courre le cerf et de le poursuivre jusque dans la cour du Cheval-Blanc. Elles avaient également droit de pêche depuis leur maison jusqu'à Saint-Assise.

M. le cardinal de Luynes, jadis aumônier de Madame la Dauphine, a toujours affectionné sin-

(1) En 1641.

gulièrement cette abbaye. Il lui est arrivé plusieurs fois d'y amener M. le Dauphin avec toute sa suite, et de lui faire accepter des collations présentées par ces dames. On juge bien que la maison était largement remboursée de ses frais.

Les dames du Lys se chargent de l'éducation de toutes les jeunes personnes qu'on leur confie. Le nombre des pensionnaires va quelquefois jusqu'à deux cents. Il y a eu un temps où l'on distinguait les demoiselles nobles d'avec les roturières par une seconde pension ; mais comme cela faisait un mauvais effet, on les a toutes mises à la même.

Tous les ans, le 1er de mai, le maître particulier et autres officiers des eaux et forêts s'assemblent au nom du roi, sur le bord de la forêt de Fontainebleau du côté de Melun, autour d'une grande table de pierre appelée la Table du roi, à laquelle doivent se trouver, sous peine d'amende, ceux qui sont tenus à des redevances comme il s'ensuit :

L'abbesse du Lys, un jambon cuit et deux bouteilles de vin.

Le meunier du faubourg St-Liesne de Melun, un jambon et deux bouteilles de vin.

Le boulanger du four-à-ban du roi de la même ville, un grand gâteau.

Les habitants du faubourg des Carmes et d'un canton appelé le Petit clos de la paroisse Saint-Ambroise, cinq deniers pour chaque feu.

Les pêcheurs de l'étendue de la maîtrise des eaux de Fontainebleau, du plus beau poisson.

Le maître des hautes-œuvres de Melun, un grand gâteau et deux deniers.

Chaque nouveau marié et les nouveaux habitants de l'année du Petit clos, un gâteau et 5 deniers, à peine de 60 sols parisis d'amende.

Cette cérémonie attire une foule prodigieuse de monde.

J'ai lu dans une chronique qu'Henri IV allait assez fréquemment au Lys dans le temps que Catherine de La Trémouille en était abbesse. Un jour ce prince eut la curiosité de lui demander combien de religieuses il y avait au Lys et combien de religieux elles avaient pour directeurs : l'abbesse satisfit le roi sur ces deux demandes ; mais il parut un peu surpris que, suivant le détail qu'on venait de lui faire, il se trouvât moins de directeurs pour les religieuses du Lys qu'il n'y avait de personnes à diriger. — « Votre étonnement, Sire, est juste, lui dit l'abbesse fort ingénument ; mais c'est que Votre Majesté ne fait pas réflexion qu'il en faut aussi quelques-unes pour les survenants, ce qui n'arriverait point si chacune avait ordinairement le sien. »

LE JARD

Cette abbaye, peu éloignée de la ville de Melun, n'est ni fameuse par ses antiquités ni par ses bâtiments. Elle est néanmoins plus que suffisante encore pour le nombre de religieux qui la composent. En 1203 on y appela les chanoines réguliers de Passy. Quatre ou cinq Genovéfains forment aujourd'hui toute la maison du Jard. C'est toujours un de ses religieux qu'on prend pour être prieur-curé de St-Ambroise de Melun. Voilà ce qu'il y a d'agréable dans des communautés aussi peu nombreuses que celle-ci, [c'est que chaque individu peut se flatter de posséder une charge et souvent même plusieurs. Ce qui a donné de nos jours un grand relief à cette abbaye, c'est que le célèbre abbé de Voisenon l'a possédée jusqu'à son décès arrivé en 1775. On doit regarder comme une singularité bien remarquable qu'il ait été abbé du Jard dans le temps que son père faisait son séjour au château de Voisenon, qui touche à l'abbaye.

Au défaut de mémoires sur cette maison, je vais dire un mot sur un des hommes les plus illustres qu'elle ait eus pour abbés (1).

L'abbé de Voisenon naquit le 8 juillet 1708 au château de Voisenon (2). Il se fit connaître de très bonne heure par un grand nombre de pièces fugitives pleines de grâce et de facilité. A peine avait-il onze ans qu'il adressa une épitre à Voltaire qui lui répondit : « Vous aimez les vers ; je vous le prédis, vous en ferez de charmants : soyez mon élève et venez me voir. » Sa famille le destinait à l'état ecclésiastique ; c'en est assez pour renoncer aux caresses des muses et pour se livrer

---

(1) L'abbaye de chanoines réguliers de Saint-Jean du Jard-la-Reine, ordre de Saint-Augustin, avait été créée en 1206 dans une terre donnée par la reine Adèle, troisième femme de Louis VII, au moyen de religieux tirés du prieuré de Passy-Villebéon, en Gâtinais.

Parmi les abbés commendataires qui s'y sont succédé avant l'académicien Fusée de Voisenon, on peut citer : François de Brulart de Sillery, Louis Fouquet, évêque d'Agde, François de Rebé, J.-L. de Fromentière, évêque d'Aire, Dufour de Longuerue, etc.

(2) Claude-Henri de Fusée, abbé du Jard, mort au château de Voisenon, domaine de sa famille, le 22 novembre 1775, n'était pas né dans ce lieu, mais bien à Paris, rue Saint-Louis, le 21 juillet 1708.

entièrement à l'étude de la théologie. Sorti de son séminaire (Saint-Sulpice), l'abbé de Voisenon fut nommé grand-vicaire de Boulogne-sur-Mer. L'évêque se reposa sur lui du soin de composer ses mandements. Ce prélat étant venu à mourir, l'abbé de Voisenon, chéri du clergé et de tous les habitants, apprend qu'ils l'ont désigné pour être leur pasteur et sollicitent vivement sa nomination : il quitte secrètement la ville pendant la nuit pour venir empêcher lui-même qu'on ne lui conférât une dignité que tant d'autres auraient poursuivie avec ardeur. Arrivé dans la capitale, il fut pourvu de l'abbaye royale du Jard. En respirant l'air de la liberté, il sentit renaître son amour pour les belles-lettres. Il s'y livra alors tout entier. Il composa la *Coquette fixée*, qui est son chef-d'œuvre, des poèmes lyriques, des poésies fugitives charmantes, de jolis romans et des fragments sur l'histoire, la guerre et le commerce.

Lorsqu'il apprit que M. de Choiseul était exilé à Praslin, il renonça à ses sociétés pour l'aller joindre dans sa retraite. « L'amitié, disait-il, doit prévenir la demande de l'amitié, et qui attend des circonstances pour en donner des preuves est indigne du nom d'ami. » M. de Choiseul étant ministre lui obtint des bontés du feu roi une pension de 6,000 livres pour travailler aux *Essais historiques* qui devaient servir à l'instruction des princes ses petits-fils.

L'abbé de Voisenon fut reçu à l'Académie française le 22 janvier 1763 à la place de M. de Crébillon. Voltaire, qui ne dédaignait point de le consulter, lui ayant lu sa *Mérope*, l'abbé, transporté, s'écria : « C'est un chef-d'œuvre dramatique, c'est la meilleure de vos tragédies. — Eh bien, lui répondit Voltaire, les comédiens l'ont refusée. » A ces mots, l'abbé de Voisenon s'enflamme, court au théâtre, fait sentir aux acteurs la beauté de cette pièce et force leur admiration. Le succès éclatant qu'elle eut à la représentation justifia pleinement son goût.

Il fut nommé en 1771, par le prince-évêque de Spire, son ministre à la cour de France.

On rapporta un jour à l'abbé de Voisenon qu'il avait perdu les bonnes grâces du prince de Conti; il courut aussitôt fort alarmé chez le prince, qui en effet lui tourna le dos : « Ah! mon prince, dit-il, vous ne me traitez point en ennemi! — Pourquoi? lui dit le prince. — C'est que vous ne leur avez jamais tourné le dos. » Lorsque P... (1) donna

(1) Il s'agit ici d'Antoine-Alexandre-Henri Poinsinet, né

sa petite comédie du *Cercle*, dans laquelle on retrouvait le ton et les expressions de ce qu'on appelle la bonne compagnie, que l'auteur était accusé de ne point avoir : « Ah ! dit plaisamment l'abbé de Voisenon, il a écouté aux portes. » L'abbé de Voisenon rendait des devoirs assidus à une dame recommandable par ses mœurs. Madame de R... en fit des reproches à celle-ci en présence de l'abbé : « Madame, lui dit-il, ma vertu est de l'aimer, la sienne est de le souffrir. » Il disait à propos du *De profundis* de Piron : « Si dans l'autre monde on se connait en vers, cet ouvrage pourrait l'empêcher d'entrer dans le ciel, comme son *Ode* l'a empêché d'entrer à l'Académie. » Cet abbé ne cessa de travailler que deux ans avant sa mort. Il partit le 15 septembre 1775 pour le château de Voisenon. « Je veux, disait-il, me trouver de plain-pied avec la sépulture de mes pères. » Il y mourut effectivement le 22 novembre 1775, âgé de 68 ans, avec la fermeté d'un

---

à Fontainebleau le 27 octobre 1734, et qui se noya en Espagne en 1769. Auteur dramatique, ne manquant pas d'un certain esprit, Poinsinet est plus connu pourtant par son étonnante naïveté et sa présomption, qui firent de lui une victime des mystificateurs de son temps.

philosophe chrétien. On a mis au bas de son portrait ces vers :

> Arbitre des talents qu'il cultive et possède,
> Son esprit est toujours d'accord avec le goût ;
> Toujours nouveau sans cesse à lui-même il succède,
> Et sans prétendre à rien, il a des droits sur tout.

L'abbé de Voisenon adressa ces vers au roi Stanislas :

> Voilà les fleurs qu'on doit au modèle des sages :
> Grand roi ! Tu sais gagner nos cœurs par tes vertus,
> Et les former par tes ouvrages.
> Une plume en tes mains est un sceptre de plus ;
> La tendre humanité t'apprend ce que nous sommes,
> C'est pour nous rendre heureux que tu dictes des lois.
> Lorsque l'on a le cœur plein du livre des rois,
> On écrit comme toi des livres pour les hommes.

Epitre au docteur Tronchin :

> Grand médecin de mes sottises,
> Vous causez ma sécurité ;
> Comptant sur votre habilité,
> Sans cesse je m'expose aux crises :
> Je suis sûr de l'impunité.
> Oui, mes fautes sont votre ouvrage,
> Je n'en accrois la quantité
> Que pour vous devoir davantage.
> Je ris en les multipliant,
> Vous me guérissez en riant ;
> D'une morale repoussante,
> Attribut de qui ne sait rien,
> Vous fuyez la marche pesante.

L'amitié douce et consolante,
Dont le coloris fait du bien
Et me persuade et m'enchante :
Vous êtes un magicien,
Le sentiment est l'interprète
Des avis que vous me donnez ;
Votre cœur est votre baguette,
Et moi-même, vous m'étonnez.
Je me trouve méconnaissable ;
Je fais vœu de docilité,
Et je vais être raisonnable.

Divin docteur, en vérité,
C'est me jouer un tour pendable.
Docteur célèbre à si bon droit
Vous voulez, sans aucune grâce,
Qu'on boive et qu'on mange tout froid ;
Croit-on que cela m'embarrasse ?
Par un régime si nouveau
Vous savez me marquer ma place.
Mettre un des quarante à la glace
C'est mettre le poisson dans l'eau.

RUBELLES

Ce château, quasi posé sur le bord de la grande route de Melun à Meaux, mérite jusqu'à un certain point d'être ici porté en ligne de compte. On n'y voit pas une étendue de bâtiments qui annonce la résidence d'un haut et puissant seigneur ; mais on en trouve assez pour ne pas permettre à la bourgeoisie d'y atteindre. Le seigneur jouit des plus beaux droits du monde. Il avait ci-devant la liberté d'aller chasser jusque dans la cour du château de Praslin. M. le duc de Choiseul, par son crédit ou par des arrangements particuliers, s'est affranchi de cette servitude. Les eaux de Rubelles ne sont pas le moindre de ses avantages. Le seigneur actuel, animé du bien public, a pratiqué en dehors de son parc, sur la route, une très belle fontaine qui porte cette inscription :

> Passant, aurais-tu soif? tant mieux ;
> Car si mon eau t'est nécessaire
> Celui qui m'a faite est heureux,
> Quoiqu'il n'ait fait que de l'eau claire. (1)

PRASLIN

Je ne crains pas d'être contredit en disant qu'on peut placer Praslin immédiatement après

---

(1) La seigneurie de Rubelles appartenait depuis le milieu du xviiie siècle à la famille Du Tramblay, dont la descendance possède encore le château.

La fontaine et le quatrain qui l'accompagne sont dus au baron Antoine-Pierre du Tramblay, né en 1745, — qui a été directeur général de la Caisse d'amortissement, a écrit quelques vaudevilles, publié un volume de fables agréablement tournées, et est mort à son château de Rubelles le 24 octobre 1819.

nos maisons royales. En effet rien n'est plus majestueux que l'ensemble de ce château. La terre de Praslin, aujourd'hui érigée en duché, n'était, comme toute chose, dans son commencement, qu'une terre absolument ingrate. Fouquet, le dernier surintendant des finances qu'il y ait eu en France, en fit l'acquisition pour créer véritablement à Praslin une terre nouvelle. Plus le local offrait de difficultés, plus Fouquet fit d'efforts pour vaincre la nature et devoir tout à l'art. Le célèbre Le Vau fut appelé en 1653 pour jeter les fondements de ce superbe édifice. On poussa les travaux avec une activité incroyable. Dix années de maniement de finances mirent Fouquet à même de faire face aux sommes énormes qui y furent employées. On peut voir, dans les mémoires de Fouquet, tout l'argent que coûta Praslin, qui s'appelait alors Vaux-le-Vicomte. Quand on eut mis la dernière main à ce château, Fouquet voulut que Louis XIV en eût l'étrenne. Il fit à cet effet des préparatifs si considérables que la cour de ce prince, toute magnifique qu'elle était, n'en avait jamais vu de pareils. Tous les arbres du parc étaient illuminés ; on avait substitué des fruits confits à tous les arbres fruitiers. Un tonnerre artificiel s'étant fait entendre, on vit tout à coup le parterre chargé d'une grêle et d'une pluie de dragées. On exécuta dans toute l'étendue du parc les plus beaux feux d'artifice du monde. *Inde prima mali labes.* Le roi, qui ne voulait être éclipsé en magnificence par personne, conçut de l'ombrage contre son trop magnifique ministre. Des ennemis puissants que Fouquet avait à la cour ourdirent bientôt une trame affreuse contre lui. C'est en sa personne que se vérifia le proverbe qui dit que « quand la cage est faite, l'oiseau s'envole. » Louis XIV l'ayant fait arrêter le 5 septembre 1661 à Nantes, supprima le 15 du même mois la charge de surintendant des finances dont ledit sieur était revêtu.

Lorsque Fouquet fut arrêté, il avait vendu depuis deux mois sa charge de procureur général du parlement, à la sollicitation de quelques faux amis, et dans l'espérance d'avoir les sceaux au retour du roi de Fontainebleau ; ce qui fit que le chancelier Séguier, fier de la défaite de son ennemi, ne put s'empêcher de dire, en venant mettre le scellé à la surintendance des finances à Fontainebleau : « Voici les sceaux qu'il a tant désirés, que nous lui apportons. »

Il fut d'abord conduit à Amboise, et de là à la

Bastille. Le 24 juin 1664 on le mena au château de Moret avec ses adhérents, chacun dans un carrosse à six chevaux escorté par 250 mousquetaires, et le 25 juin on ouvrit la chambre de justice en l'hôtel de la chancellerie de Fontainebleau. Par jugement du mois de décembre 1664, il fut condamné à un bannissement, commué par la suite en une prison perpétuelle qui, en lui prouvant le néant des richesses et des grandeurs, lui apprit aussi, mais trop tard, qu'il n'y a rien de si facile que de perdre à la cour un favori qui y vit sans défiance. *Frequentissimum initium calamitatis securitas.* Il passa le reste de sa vie dans la forteresse de Pignerol, s'occupant à composer divers ouvrages de piété pour sa consolation. Il mourut le 23 mars 1680, à 65 ans.

Le célèbre Pellisson, premier commis de Fouquet, eut part à sa disgrâce et fut mis à la Bastille. On crut que, pour découvrir d'importants secrets, le meilleur moyen était de faire parler Pellisson; pour cela, on apposta un Allemand simple en apparence, mais fourbe et rusé, qui feignait d'être à la Bastille, et dont la fonction était de jouer le rôle d'espion. Pellisson, malgré son jeu et ses discours, le pénétra, et au lieu d'être sa dupe, il en fit son émissaire pour faire passer divers ouvrages composés dans sa prison en faveur de Fouquet. Aussitôt plumes et encre lui furent ôtées et l'on s'y prit de manière à empêcher toute correspondance au dehors. Ce fut alors que Pellisson s'appliqua à discipliner une araignée, qui venait prendre une mouche jusque sur ses genoux.

Colbert était un des plus mortels ennemis de Fouquet, témoins ces vers de Hainault, traducteur de *Lucrèce* :

SONNET CONTRE COLBERT, PERSÉCUTEUR DE FOUQUET.

Ministre avare et lâche, esclave malheureux,
Qui gémis sous le poids des affaires publiques,
Victime dévouée aux chagrins politiques,
Fantôme révéré sous un titre onéreux,

Vois combien des grandeurs le comble est dangereux ;
Contemple de Fouquet les funestes reliques ;
Et tandis qu'à sa perte en secret tu t'appliques,
Crains qu'on ne te prépare un destin plus affreux.

Sa chute quelque jour te peut être commune :
Crains ton poste, ton rang, la cour et la fortune,
Nul ne tombe innocent d'où l'on te voit monté.

Cesse donc d'animer ton prince à son supplice,
Et près d'avoir besoin de toute sa bonté,
Ne le fais point user de toute sa justice.

Vaux-le-Vicomte resta dans la maison de Fouquet, malgré sa détention, jusqu'au commencement de ce siècle que le maréchal de Villars l'acquit (1). Il prit alors le nom de Vaux-le-Villars.

Louis XIII avait aliéné le domaine de Melun en 1513 au profit des seigneurs de Vaux-le-Vicomte; mais Louis XIV le retira de Fouquet en 1666. Cela n'empêche pas que ces seigneurs ne se soient toujours maintenus depuis dans le titre de vicomtes de Melun et qu'ils n'aient conservé dans cette ville une petite portion de domaine.

Louis XIV érigea cette terre en duché-pairie en l'honneur de M. de Villars à la fin de l'année 1706. C'est là que ce guerrier intrépide se plaisait à venir se reposer à l'ombre de ses lauriers. De son temps, la première cour du château était toute remplie d'affûts et de canons. Cet homme si terrible à la tête des armées était doux, affable, familier même avec ses vassaux. La reine, épouse de Louis XV, accompagnée d'une dizaine de dames de la cour, vint un jour dîner à Praslin. Le maréchal de Villars reçut la souveraine *in magnis*; il resta pendant tout le repas debout

---

(1) La vente consentie par la veuve et les héritiers de Fouquet est du 29 août 1705 (contrat devant Tabouré et Lemoine, notaires à Paris).

derrière son fauteuil. Après sa mort, arrivée en 1734, le duché de Vaux-le-Villars demeura à ses héritiers, qui le revendirent à M. de Choiseul-Praslin pour la somme de treize cent mille livres. Or ce n'est pas même acheter les plombs qui sont sous terre. C'est donc ce M. de Choiseul qui a fait porter à ce château le nom de Praslin, qu'il continuera de porter tant qu'il appartiendra à cette maison. Après cet aperçu historique, il est temps d'en venir au développement.

Praslin, placé entre Melun et Champeaux, est bâti dans un bas, apparemment pour la commodité des eaux. La grille d'entrée annonce plutôt le palais d'un souverain que la demeure d'un seigneur particulier. La cour est garnie d'une multitude de pavillons qui présentent une symétrie et une étendue de bâtiments immense. D'un côté sont les remises, les écuries et les ateliers ; de l'autre le pavillon du concierge, la chapelle et la ferme. De superbes fossés en gresserie environnent le château de toutes parts. Le bâtiment, quoique de l'autre siècle, est du meilleur goût possible. C'est vraiment une royale bâtisse. On entre dans une salle magnifique que Fouquet destinait à une salle des gardes, dans l'hypothèse que Louis XIV eût bien voulu accepter l'hommage de ce château. Cette pièce occupe toute la profondeur du bâtiment. Outre le jour ordinaire qu'elle reçoit, elle est encore éclairée par un dôme fort élevé, au bas duquel règne une très belle galerie. Le contour est supérieurement sculpté. Les pierres dont on s'est servi ont été apportées de très loin et à grands frais; on a employé jusqu'à de la terre de Hollande. De la salle des gardes vous passez à gauche dans un salon spacieux, orné des plus riches tableaux. Les campagnes du maréchal de Villars à Fribourg y sont représentées. Sur la cheminée est le même maréchal en habit de connétable, comme il était au sacre de Louis XV, portant l'épée de Charlemagne. Les deux autres grands tableaux, dont l'un est le *Festin des dieux*, ont été copiés à Rome par d'habiles maîtres. Fouquet avait envoyé à Rome offrir tout ce qu'on eût demandé pour avoir les originaux, mais on ne voulut pas s'en dessaisir à quelque prix que ce fût. Tous les plafonds sont enrichis de médaillons, de culs-de-lampe, de peintures de Le Brun, un des plus excellents peintres que la France ait produits. Il n'y a pas jusqu'aux embrasures de fenêtres qui ne soient admirablement peintes.

Plus loin se trouve l'appartement richissime

occupé autrefois par Fouquet. Les dorures sont de toute beauté. Le lit est de la plus grande richesse. Il l'avait fait environner d'une balustrade dorée : comme on lui demanda raison de cette hardiesse, il répondit qu'ayant bâti son château dans l'espérance qu'il plairait au roi, son appartement pour lors servirait à la reine qui trouverait la balustrade toute posée. Ce fut M. de Villars qui la fit ôter. On voit dans le cabinet suivant, qui est extrêmement joli, un grand tableau de Louis XV habillé en guerrier à son retour de Metz. Ce prince le détacha de Fontainebleau pour en faire présent en 1762 à M. le duc de Praslin, ministre de la marine, à cause des préliminaires de la paix qu'il avait arrangés et écrits sous la dictée du grand Choiseul.

J'entrai avec grand plaisir dans la salle à manger où Louis XIV fut traité et servi par Fouquet. On remarque encore au plafond les écrous par le moyen desquels on faisait descendre pour la bouche du monarque le nectar des dieux et mille genres de friandises. L'endroit qu'on nomme le Buffet mérite une attention particulière pour la beauté et la ténacité de la menuiserie. Il n'y a aucune place dans ce château qui ne demande beaucoup de temps à examiner.

A droite en entrant par la salle des gardes est une grande pièce ornée des premières épreuves des Gobelins (1). Ces tapisseries sont or et soie, mais elles n'ont plus la fraicheur en partage. La glace qui sert de trumeau est d'une grandeur extraordinaire. Le vaisseau de haut-bord muni de tous ses agrès, qu'on voit sous verre, est une emplette de M. le duc de Praslin lors de son ministère, pour avoir au moins une teinture de la marine. C'est un fort beau bijou qui sûrement n'a pas été donné pour rien.

La chambre du roi ne laisse rien à désirer pour sa magnificence. Quelques miracles qu'ait opérés la main de Le Brun dans les autres appartements, on peut décider à coup sûr que le plafond de cette chambre est son chef-d'œuvre. Dans le cabinet attenant la chambre du roi se trouvent les portraits parlants de Henri IV, de Catherine de Médicis, de Louis XIII, de Louis XIV et du régent. Au-dessus de la porte est le tableau de Saint Joseph travaillant dans sa boutique et

(1) On a fabriqué des tapisseries, à Maincy même, pour le compte de Fouquet et sous la direction du peintre Ch. Le Brun, avant que ce dernier fût placé à la tête des Gobelins.

éclairé par Notre-Seigneur. Ce morceau a été jugé par d'habiles connaisseurs pour être le meilleur de tout Praslin. Une seconde chose frappante dans ce cabinet, c'est l'imagination du peintre de représenter sur la corniche une couleuvre courant après un écureuil ; comme si le peintre eût pu dès lors prévoir que Fouquet, figuré par l'écureuil, serait supplanté par Colbert.

L'appartement de la duchesse de Praslin est on ne peut plus galant. Le plafond et tout ce qui décore la salle de billard est calqué sur le siècle et sur le goût de François Ier ; c'est la répétition de la galerie de ce prince à Fontainebleau. Le haut contient plus de quarante appartements de maitres qu'il serait trop long de détailler. On se contentera de savoir que de très gros seigneurs y seraient logés comme chez eux.

Le fameux Le Nôtre, appelé par Fouquet, donne à quarante ans le premier essor à ses idées par les merveilles qu'il opère au château de ce ministre. De ce début il passe à St-Germain-en-Laye, puis à Versailles, à St-Cloud, aux Tuileries, etc. Les jardins de Praslin tracés par cet habile maitre sont spacieux et agréables. Avant M. de Praslin, qui a tout fait défaire et vendu tous les plombs, les eaux étaient admirables. La grande cascade commençait à une grande terrasse revêtue de trois côtés et accompagnée d'un fossé plein d'eau, d'où s'élevaient des gerbes d'espace en espace. Dix-huit corps avancés sur le devant de la terrasse occupaient la principale face de cette cascade. Ils avaient la forme d'un piédestal ; au-dessus étaient des bassins carrés qui donnaient des gerbes et tombaient dans le grand bassin, chacune par un masque et par une coquille. Entre chacun de ces piédestaux était une chute d'eau qui s'opérait par trois différentes reprises ou nappes d'eau dans le grand bassin. Ce bassin était un carré long fort étendu et fort spacieux au milieu duquel s'élevaient plusieurs jets d'eau sur une même ligne, qui formaient avec tout le reste une très belle perspective.

Les petites cascades étaient formées par trois terrasses l'une sur l'autre. La plus haute avait dix jets d'eau, cinq de chaque côté. On descendait de là sur la seconde par quelques marches de pierre, à côté desquelles étaient deux bassins carrés remplis par l'eau que jetaient six masques. Sur le devant s'avançaient deux autres bassins d'où s'élevaient dix jets d'eau, accompagnés chacun d'un sphinx d'une belle sculpture.

13

Au milieu était un perron de plusieurs marches de pierre, par lequel on descendait dans la troisième terrasse. Six masques rendaient une grande quantité d'eau dans autant de coquilles qui formaient, par une seconde chute, deux bassins, l'un à droite, l'autre à gauche.

La grotte était un des plus beaux endroits de toute la maison. En haut l'on voyait une très grosse gerbe d'eau avec un bassin. La terrasse était ornée sur le devant d'une balustrade interrompue par huit piédestaux chargés d'autant de statues bien sculptées. Au-dessous étaient autant de figures en relief montées sur des pilastres. Dans chaque entre-pilastre on voyait une niche dans laquelle était un rocher qui jetait de l'eau de tous côtés dans un grand bassin qui occupait toute la face de la cascade. Les marches pour aller sur la terrasse étaient accompagnées de girandoles d'eau et de sphinx.

Le canal était fort grand, et à la tête, qui est du côté de la grotte, s'élevait un rocher sur lequel était placée la statue de Neptune, le trident à la main et accompagné de tritons qui jetaient de l'eau de tous côtés.

M. de Scudéry a fait une belle description de ce château sous le nom de Valterre dans le

Xe tome de *Clélie*, page 1091 et suivantes. Il y est dit, à propos des eaux qui embellissaient les jardins de cette belle maison, que M. Fouquet avait divisé une rivière en mille fontaines, et réuni mille fontaines en torrents.

Pour examiner le parc de Praslin à fond, il faudrait s'y promener à cheval une journée entière. On admire de part en part des statues fort bien faites d'un bloc de grès. L'extrémité du parc touche pour ainsi dire au buisson de Massoury, qui n'est point éloigné de la forêt de Fontainebleau. Aussi convient-on que le château de Praslin serait parfaitement à la bienséance de Monsieur ou du comte d'Artois, en raison de cette proximité.

Il reste bien plus de choses à dire de cette magnifique maison que je n'en ai dit ; mais enfin il faut un terme à tout.

M. le duc de Praslin, ayant encouru la disgrâce du roi, fut exilé à son château. Ce fut là que Mlle Dangeville vint pour charmer les amertumes de sa retraite. Cette célèbre actrice de la Comédie-Française (1), l'émule des Gaussin, des

---

(1) Dangeville (Marie-Anne Botot, dite Mlle) excella dans les rôles de soubrette.

Clairon, des Dumesnil, débuta avec le plus grand succès en 1730. Le Théâtre-Français avait alors pour acteurs Poisson, Armand, Grandval et Dubois. Dans la comédie des *Grâces*, représentée en 1744, Mlle Dangeville n'eut besoin ni de l'art ni de l'illusion du théâtre pour être applaudie ; elle y joua à ravir. La comédie de la *Métempsycose*, jouée en 1752, pensa tomber à la première représentation ; mais la perfection avec laquelle Mademoiselle Dangeville remplit le rôle de Thérèse dédommagea si bien le public que les représentations en furent continuées. Dans le *Préjugé vaincu*, comédie de M. de Marivaux, elle joua aussi supérieurement, ce qui fit que cette pièce a toujours été reprise avec succès. Mlle Dangeville, depuis sa sortie du théâtre, a toujours tenu assidûment compagnie à M. le duc, de sorte qu'il ne faisait jamais de voyage à Praslin sans elle. Pour épargner à Mme la duchesse une rencontre importune, Mlle Dangeville logeait dans un des pavillons de la cour. Tous les ans, le jour de l'Assomption, on allait voir tirer dans le parc de Praslin un superbe feu d'artifice en l'honneur de la dame du lieu. Toutes ces réjouissances ne lui faisaient point oublier les mortifications de sa rivale ; aussi vit-on des marques sensibles de son ressentiment, ces années dernières, dans ses dispositions testamentaires. Elle y déshéritait ses enfants jusqu'à la troisième génération. Le testament, du chef d'*ab irata matre*, fut cassé net.

La mort de M. de Praslin ne suivit pas de fort loin celle de son épouse, car elle est arrivée le 15 novembre 1785, à Paris. Voici toutes ses qualifications : César-Gabriel de Choiseul, duc de Praslin, pair de France, ministre d'Etat, chevalier des ordres du roi, lieutenant général de ses armées, et au gouvernement des huit évêchés, de la haute et basse Bretagne, membre honoraire de l'académie royale des sciences, ci-devant ambassadeur de Sa Majesté à la cour de Vienne et au congrès d'Augsbourg, ensuite ministre et secrétaire d'Etat au département des affaires étrangères, puis chargé du département de la marine, et en même temps chef du conseil royal des finances, vicomte de Melun, etc., etc. Tenant à cette vie par tant de liens, n'est-ce point en vérité dommage de la quitter? Son corps a été rapporté sans grande pompe pour être enterré dans la chapelle de Praslin, qui servira désormais de sépulture à cette maison.

Il ne faut pas négliger de voir la belle fontaine et les jolies petites promenades à l'anglaise qui sont en deçà du château. C'est du haut de cette fontaine qu'on aperçoit à merveille le château de

SAINT-GERMAIN DE LAXIS

Le propriétaire actuel est M. le baron de Juigné (1), frère de révérendissime et illustrissime Antoine-Eléonor-Léon Leclerc de Juigné, archevêque de Paris. Les dépenses considérables que ce seigneur a faites pour l'embellissement de son château font aller Saint-Germain de pair avec les plus beaux châteaux de la Brie. Je ne dis rien du démêlé de M. le baron de Juigné avec le chapitre de Champeaux, parce qu'on peut consulter les numéros X et XI de la *Chapitromachie*.

CRISENOY

On dit d'un prédicateur qui reste court : C'est

---

(1) Le baron, puis marquis Léon-Marguerite Leclerc de Juigné, maréchal des camps et armées, était seigneur de Saint-Germain-Laxis du chef de sa mère, Marie-Gabrielle Le Cirier de Neufchelles, descendante des Le Ménestrel de Hænguel.
Le château a disparu.

dommage, le sermon était bon, il ne lui manquait que la parole. De même en voyant Crisenoy : Le parc est bien beau, dit-on, c'est dommage que le château ne réponde point au reste. On ne rencontre nulle part comme ici des allées aussi agréables, des promenades aussi gracieuses, des charmilles aussi bien peignées. On se fait une fête à Paris d'aller au mois de mai admirer à Marly le vert naissant ou le retour des feuilles ; on peut en petit se procurer la même satisfaction à Crisenoy. Le canal en face du château est d'une grandeur immense, le poisson y fourmille. L'orangerie est parfaitement bien composée ; la beauté des potagers est égale à leur bonté.

M. Chauvelin, avocat général du roi au parlement de Paris, était seigneur de Crisenoy en 1730, puisqu'il vint en personne solliciter une permission de chasser sur Champeaux. Le chapitre, flatté de cette démarche et attachant beaucoup d'intérêt à la connnaissance de M. Chauvelin, ne le laissa point aller sans le munir de la pancarte suivante :

« Nous, chanoines et chapitre de l'église royale et collégiale de Saint-Martin de Champeaux en Brie, diocèse de Paris, élection de Melun, seigneurs dudit lieu, seigneurs en outre de Saint-

Merry, de Quiers, de Fouju, des Bordes d'Andy et autres lieux ; étant assemblés en notre chapitre ordinaire, en la manière accoutumée, pour y traiter de nos (petites) affaires, M. Chauvelin nous a fait connaître que notre terre des Bordes d'Andy et celle de Fouju étant voisines de sa terre de Crisenoy, nous lui ferions plaisir de lui donner soin d'en garder la chasse et d'y établir lui-même un garde qui prendrait néanmoins ses provisions de nous, se ferait recevoir tant par le juge de notre justice qu'à la table de marbre, porterait la bandoulière au sceau de nos armes, empêcherait de tirer tous ceux qui n'auraient pas de nous une permission spéciale et par écrit, et agirait en toutes choses en notre propre et privé nom, sans néanmoins imposer à nos vassaux aucune servitude par rapport à la culture et à la récolte de leurs terres, et ce pour autant de temps qu'il nous plairait : par la considération singulière que nous avons pour mondit sieur Chauvelin, nous lui permettons de chasser sur nos terres, pourvu que ce soit en saison convenable et de manière que cela ne préjudicie en rien aux biens de la terre ; lui avons accordé et accordons par ces présentes avec plaisir le soin et l'inspection générale de la chasse sur notre terre des Bordes d'Andy, dimage de Fouju, et ce en la manière que ledit sieur nous a témoigné le souhaiter, sans que la présente concession puisse tirer à conséquence pour l'avenir. Fait en chapitre le 6 novembre 1730, en foi de quoi nous avons fait expédier à mondit sieur Chauvelin ces présentes et à icelles fait apposer les armes du chapitre et contresigner par notre greffier en chef. »

Avec des patentes aussi élégamment verbiagées, M. l'avocat général devait s'attendre à jouir longtemps de son privilège de conservateur des chasses de Champeaux ; mais c'est alors qu'on croit tenir quelque chose, qu'on ne tient rien. Le 30 août 1734, nos têtes capitulaires apprennent par des voies indirectes que la chasse accordée à M. Chauvelin sur les Bordes et Fouju n'était pas bien gardée ; ils opinent, sans autre forme de procès, de révoquer la commission dudit sieur et établissent sur le champ un garde à leurs frais et dépens.

M. Gigot, riche financier, est aujourd'hui seigneur de Crisenoy (1).

---

(1) Etienne-Pascal Gigault de la Salle, écuyer, con-

A deux cents pas de ce village, dans un endroit qu'on appelle Ver (1), il se fait tous les ans, le dimanche de la Trinité, une descente de justice et de maréchaussée pour présider à une course à pied établie par le seigneur de la Motte-Saint-Merry. Les trois prix sont une timbale d'argent, un chapeau et une paire de gants. Il est libre à tout le monde de se mettre sur les rangs. L'espace à parcourir est d'un bon quart de lieue. Le signal donné, les contendants pendent leurs jambes à leur cou et partent tous du même point. Le premier arrivé au poteau remporte le premier prix ; ainsi des autres. Quand la course est finie, on dresse un procès-verbal d'après lequel chacun est récompensé selon le mérite de ses jambes. Le reste de la séance se passe en divertissements. Je ne m'amuserai point à raconter

---

seiller secrétaire du roi, contrôleur général de l'audience en la grande chancellerie de France, avait acquis la terre de Crisenoy le 6 août 1756, des héritiers du président Louis (V) de Chauvelin, mort à Soissons le 29 avril de la même année.

Depuis 1880 le château de Crisenoy n'existe plus.

(1) Le fief de Vert-Saint-Père avait été aliéné le 23 juillet 1767 par l'abbé des bénédictins de Saint-Père de Melun au profit de M. Gigault, seigneur de Crisenoy.

les contes que le vulgaire fait sur cet exercice ; c'est pourquoi je passe au château de

BOMBON

Cette terre a été longtemps une pomme de discorde pour la famille de Geoffroy. Elle est maintenant fixée sur la tête de l'un d'eux qui est grand-maître des eaux et forêts. Le château, quoique antique, présente encore une face rayonnante. Pendant l'été il ne désemplit pas de maitres qui se plaisent à y donner la comédie. Le grand salon est très propre à cet usage. Les ecclésiastiques les plus timorés du canton assistent sans scrupule à ce spectacle bourgeois. Le seigneur de Bombon est adoré dans le village pour tout le bien qu'il y fait. C'est un vignoble assez considérable. La chapelle castrale est fort belle. Le parc ne manque d'aucun agrément champêtre. Le château est au milieu des eaux.

Le 8 décembre 1776, M. Geoffroy de Bombon ayant obtenu de M. l'intendant une ordonnance qui l'autorisait à faire une grande route de chez lui à Andrezelles, l'envoie à Champeaux pour être publiée à l'issue de la messe paroissiale. Le chapitre, au premier bruit de cette nouvelle, s'assemble et l'on convient unanimement d'adresser un placet à Mgr l'intendant, pour le supplier révéremment de ne pas permettre que son ordonnance soit mise à exécution, attendu que ce nouveau chemin, outre qu'il serait très coûteux, ne serait d'aucune utilité pour Champeaux, puisque, selon le plan présenté par M. de Bombon, il ne devait point y passer. Qu'arriva-t-il? que ce projet d'une grande route ne tourna à l'avantage ni de l'un ni de l'autre, car il ne fut point exécuté.

Ce n'est pas une faible gloire pour Bombon d'avoir longtemps appartenu à l'illustre famille de Matignon (1). Les plus célèbres sont :

1° Jacques II de Matignon, prince de Mortagne, qui se signala en divers sièges et combats. La reine Catherine de Médicis lui fit donner la lieutenance générale de Normandie, et le roi Henri III le fit maréchal de France en 1579. Il remporta

---

(1) Un Matignon a, en effet, possédé Bombon, mais il ne fit guère que passer. Cette terre appartenait d'ancienneté à la famille de Brenne, alliée aux Courtenay, et c'est seulement en mai 1720 qu'Edmée-Charlotte de Brenne épousa Marie-Thomas-Auguste de Goyon, marquis de Matignon, comte de Gacé, mestre de camp. Dès 1730 le marquis de Matignon avait vendu l'ancien comté de Montjay et Bombon à Claude Geoffroy, qui devint secrétaire du roi le 31 août 1731.

de grands avantages sur les huguenots et fit la fonction de connétable au sacre de Henri IV. Il mourut couvert de lauriers dans son château de Bombon, en 1597, à 72 ans.

2° Charles-Auguste de Matignon, sixième fils de François de Matignon, comte de Thorigny, après s'être distingué en plusieurs occasions, fut fait maréchal de France en 1708, et eut le commandement des troupes que le roi fit embarquer pour passer en Ecosse.

M. Geoffroy, père de ceux d'aujourd'hui, a traité directement avec la maison de Matignon pour l'acquisition de cette terre.

LA CHAPELLE-GAUTHIER

Etienne de La Chapelle, évêque de Meaux en 1146, était le frère de Gauthier, seigneur de La Chapelle dont je parle, chambellan de Louis VII et de Philippe-Auguste. Il eut trois neveux qui furent évêques aussi bien que lui : Pierre de Nemours, évêque de Paris ; Etienne de Nemours, évêque de Noyon, et Guillaume de Nemours, qui monta dans la suite sur le siège de Meaux. Etienne de La Chapelle fut d'abord chanoine de l'église de Sens, et assista en cette qualité au couronnement de Louis VII : il y lut l'épître à la messe. De chantre de l'Eglise de Meaux il passa sur le siège de cette ville. Il fut nommé par le pape Alexandre III, avec Guillaume, archevêque de Sens, pour réformer l'abbaye de Saint-Victor de Paris. Etienne fut nommé en 1171 à l'archevêché de Bourges ; mais trois ans après il se retira à Saint-Victor où il acheva le reste de ses jours dans de grands sentiments de piété et de religion. Il y mourut l'an 1177. On a fait l'éloge de ce prélat en disant :

> *Secessu in placido summi præcepta tonantis*
> *Rimari, et superas animo percurrere sedes*
> *Ambit. Eum in terram vigiles, onera aspera, curæ*
> *Si retrahunt, totus mortali e carcere solvi*
> *Optat, et effuso perrumpere ad astra volatu.*

La Chapelle était érigée en paroisse dès le règne de Louis-le-Gros. Gauthier, qui en était seigneur sous Philippe-Auguste, y fonda un chapitre. Soit que la dotation n'ait pas été assez forte, soit que les chanoines de La Chapelle se soient émancipés, un évêque de Paris jugea à propos d'incorporer les quatre prébendes qui restaient à celles de Champeaux : voilà pourquoi Champeaux est gros décimateur de La Chapelle et patron de la cure ; voilà encore pourquoi cette paroisse, qui est enclavée dans le diocèse de Sens, fait partie du diocèse de Paris (1). Le curé de La Chapelle porte les attributs et le nom de chanoine de Sainte-Catherine, titre du chapitre défunt. Champeaux, qui s'est engraissé de ses dépouilles, fait tous les ans au titulaire un gros bien exigu. L'église, à vue de clocher, sent la structure du xiiie siècle. Elle a, comme la nôtre, saint Martin pour patron principal. On voit à l'autel un tableau de l'adoration des mages donné en 1636 par Nicolas Vignier, conseiller d'Etat, qui y est représenté avec sa femme, Anne de Flécelles (2).

Le ruisseau qui coule à La Chapelle est appelé le ru d'Auquier ; il y a un gouffre auprès des étangs, vers le sud-est.

(1) On voit par une bulle d'Innocent II adressée à Etienne, évêque de Paris, en 1135, que déjà à cette époque l'église de La Chapelle (Gauthier) dépendait de la collégiale de Champeaux. En 1208 l'évêque de Paris nommait à trois prébendes de la collégiale de La Chapelle, et la quatrième, occupée par le curé de la paroisse, était à la collation du chapitre de Champeaux.

(2) La cathédrale de Meaux possède aujourd'hui cette toile. C'est la répétition d'un tableau que Philippe de Champagne peignit en 1628 pour les Carmélites du faubourg Saint-Jacques, à Paris.

TABLE [1]

Andelau (Traité d'). 72
Andrezel (Village et château d'). 1
Arquebuse (Assemblée générale de l') à Meaux . . 85
Barbeaux (Détails sur l'abbaye de) 165
Barry (Madame du) exilée à Pont-aux-Dames. . . 26
Beaumont (M. de) sur le siège de Paris. 153
  — (Mort de M. de) 161
Beringhan (M. l'abbé de), doyen de Courpalais . . 97
Bombon 203
Bossuet 33, 37, 49, 51, 52, 85
Boullots (les), maison de campagne 208
Calvinistes (Ravages des) . . . . 14, 78 à 82, 144
Champagne (Philippe de), célèbre peintre 12
Champeaux (Détails sur). 105
  — (Collégiale de). 110
  — (Trésor de) 112
  — (Tour de). 113
  — (Fondateurs à). 115
  — (Chapitre moderne de) 118
  — (Séries des chanoines de) 124
  — (Chapelles de). 131

(1) En éditeur scrupuleux nous avons tenu à donner la table telle que l'a rédigée le chanoine Goudemetz à la fin de son manuscrit.

TABLE DES MATIÈRES

Champeaux (l'église paroissiale de)		133
— (Bergers à la crèche de)		134
— (Curiosités des environs de)		136
— (Promenades de)		136
— (Notices historiques sur)		139
— (Sainte Fare, fondatrice de)		139
— (Augmentation de chanoines à)		141
— (Philippe-Auguste à)		141
— (Lettres de garde-gardienne pour)		142
— (Réduction des prébendes à)		143
— (Relique de sainte Fare à)		145
— (Chanoine lancé à)		151
— (Matines changées à)		160
— (Fondation d'une maîtresse d'école à)		162
— (Hommes illustres de)		162
— (Guillaume de)		162
— (autre Guillaume de)		163

Chapeau (Anecdote sur M.), curé de Saint-Germain-l'Auxerrois 25
Chapelle (Etienne de La) 205
Chapelle-Gauthier (La) bourg de la Brie . . . 206
— (Chapitre de La) . . . 207
Chaumes (Ville de) 10
Chauvelin, avocat général 199
Colbert, persécuteur de Fouquet 186
Côme (le célèbre frère) 24
Couperin (Famille de) 18
Cotelle, excellent peintre 88
Courpalais (Chapitre de) 97
Couturier, général des Sulpiciens 15
Crécy (Forêt de) 26
Crisenoy (Château de) 197
Dangeville, célèbre actrice 195
Domne (Dévotion à saint) 14

TABLE DES MATIÈRES

Epoques mémorables à Champeaux. . . .	147, 148
— Prières pour Louis XV régnant par lui-même	149
— Service pour le cardinal de Noailles . .	149
— Messe pour la naissance du Dauphin . .	150
— M. de Luynes, chapelain de Champeaux .	150
— L'évêque d'Agde, chapelain de Champeaux	150
— Prières de 40 heures.	152
— *Te Deum* de Fontenoy	153
— Lettres d'un ministre d'Etat	157
— Service du Dauphin	160
— *Te Deum* pour le Dauphin.	161
— Visite d'archevêque	161
— *Te Deum* de la paix	162
— autre pour le duc de Normandie. . .	162
— Prières de 40 heures.	162
Etienne de La Barre, évêque d'Angoulême. . .	164
Faremoutiers (célèbre abbaye de)	90
Fiacre (saint) patron de la Brie	36
Fontenay (Bourg de)	21
Fortelle (Château de la)	96
Fouquet (Chute et élévation de)	183
Geneviève (sainte) à Meaux.	71
Germain-Laxis (Château de Saint-)	198
Gondrin (M. de), archevêque de Sens	172
Grange (Château de La)	97
Guignes (Village de)	6
Henri IV à Meaux	84
Houssaye (Château de La)	25
Jard (Abbaye du)	175
Juigné (M. de), archevêque de Paris	161
Ligue (la) à Meaux.	83
Lys (le), abbaye royale	169
Malvoisine (Moulin curieux à la ferme de) . . .	137

TABLE DES MATIÈRES

Mars (Temple de)	71
Matignon (Maison de)	204
Meaux (les curiosités de)	29
— (Cathédrale de)	30
— (Trésor de la cathédrale de)	38
— (Chapitre de)	39
— (l'Evêché de)	51
— (Collégiale de)	53
— (Saint-Faron de)	55
— (Notre-Dame de Chaâge de)	61
— (Hôpitaux de)	62
— (Notices historiques sur)	70
— (Conciles de)	72, 73, 74, 75
— (Hommes illustres de)	87
Mainpincien, berceau du pape Martin IV	5
Motte-Saint-Merry (Château de La)	138
Moulin (Denis du), évêque de Paris	88
Normands (Ravages des) à Meaux	72
Nôtre (le fameux Le)	192
Oger (Conversion du fameux)	56
Pellisson, premier commis de Fouquet	185
Poncher (Etienne), chanoine de Champeaux	164
Pont-aux-Dames (Abbaye de)	26
Praslin (Château de)	182
— (intérieur de)	188
— (Parc de)	193
— (Mort du duc de)	197
Rozoy (Ville et élection de)	91
— (Fameux miracle à)	93
Rubelles (Château de)	181
Samuel Bernard	7
Sanguin (Antoine), cardinal de Meudon	163
Sonnet (Martin), chanoine de Champeaux	164
Spiritains (Ordre des)	63

TABLE DES MATIÈRES

Terray (Anecdote sur l'abbé) 9
Ver (Course de). 202
Vallées (Manufacture de papier des) 137
Varvanne (Célèbre fontaine de). 136
Villars (maréchal de) 187
Villatte (Benjamin de La) 164
Vintimille (l'Abbé de Lascaris de). 164
Vitry (Epitaphe de) 35
Vivier (Château et Sainte-Chapelle du) 19
Voisenon (Célèbre abbé de). 175

MEAUX. — IMP. A. LE BLONDEL.

EN VENTE A MEAUX, CHEZ A. LE BLONDEL

Rouleau mortuaire (Etude historique et paléographique sur le) de Guillaume des Barres, grand sénéchal de Philippe-Auguste, par E. Grésy ; in-folio raisin . . . . 30 »

[Splendide publication, ornée d'une planche chromolithographiée par Régamey et de gravures dessinées par Ch. Fichot.

Almanach historique topographique et statistique du département de Seine-et-Marne . . . . . » 50

[La collection de cet *Almanach* paru pour la première fois en 1861 se compose de 32 volumes. — Prix de la collection : 35 fr.]

Géographie physique et historique du département de Seine-et-Marne, avec gravures et une carte du département de Seine-et-Marne, par Th. Lhuillier, chef de division à la Préfecture, officier de l'instruction publique. Un vol. in-12 cartonné 1 25

Recherches historiques sur Jouarre et ses environs, la commanderie de Bibartaut et ses dépendances : Le Petit-Courroy, La Brosse, Le Petit-Bibartaut, Bibartaut-les-Vannes, Le Gros-Chêne, Le Grez et les Laquots, par G. Réthoré, officier de l'instruction publique ; gravures et plan ; in-8° raisin 4 50

L'ancien château royal de Montceaux-en-Brie, par Th. Lhuillier ; photographie, et gravure . . 3 50

Recherches historiques sur l'enseignement primaire dans la Brie, par Th. Lhuillier, secrétaire général de la Société d'archéologie de Seine-et-Marne, officier de l'instruction publique ; nouvelle édition, corrigée et augmentée d'une table des noms de lieux cités dans ce volume ; in-12 de 340 pages. 3 50

L'abbaye de Pont-aux-Dames, par Berthault ; in-12. 5 »

Doue, notice historique par G. Réthoré, officier de l'instruction publique, et Thévenot ; in-12, plan, gravure et blasons. 3 50

Histoire et Géographie du canton de Crécy-en-Brie, par G. Husson. Carte du Canton de Crécy et 37 gravures, in-12. . . . . 2 »

Petit Guide de l'étranger dans la ville de Meaux et les environs, par A. Le Blondel, in-18 orné de 16 gravures et d'un plan. 1 50

MEAUX. — IMP. A. LE BLONDEL.

www.ingramcontent.com/pod-product-compliance
Lightning Source LLC
Chambersburg PA
CBHW051910160426
43198CB00012B/1826